幸福
文化

韓國新生代理財 YTER
阿婆姐姐 할미언니
———著

不怕
老後沒錢花

돈 공부를 시작하고 인생의 불안이 사라졌다

蔡佩君———譯

| 前言 |

我的幸福，只能靠自己負責

「有夠麻煩耶，我真的有必要為未來做打算嗎？」
對於有這些想法的人，我有些話要說──
「你的未來，不是你自己的嗎？」
你的未來又不是別人的，怎麼會老是當成是別人家的事，放著不管呢？

💰 錢途無量，別逃避

你的未來終究要自己面對、自己負責；你今天選擇休息佇足，明天就得拼命追趕。人生是一個公平公正的系統，今天爽

爽玩，就別期待明天能過得輕鬆寫意。我想對那些只想活在當下的年輕世代說：「該玩的時候好好玩，但要邊存錢邊玩。」

在這個靠金錢運轉的世界裡，不了解金錢，就活不下去。大人也許會說我們「年紀輕輕就成天把錢掛在嘴邊」，但不就是因為不願意談錢，大家最後才跟錢無緣嗎？

錢不是我們該逃避的對象，別再逃了。愈對現實感到焦慮，就更應該好好存錢。 如果一想到未來，你內心的某個角落就焦慮到不行，那我們能做的只有盡最大的努力為未來做好準備。

💲 人生至少要有個可靠的後盾

現在的我已經打造出一個堅強的後盾，對生活不會再感到壓迫和焦慮。我雖然為了本業（上班族）和副業（YouTuber）忙得不可開交，但並不覺得辛苦。自從開始學習理財、了解自己、累積屬於自己的資產，我的現在跟未來都改變了。我對於自己的人生充滿信心，現在光是想像未來的樣子，就滿懷期待與悸動。

我之所以幸福，不是因為口袋裡有錢，而是因為相信未來不用為錢煩惱。 我擁有「我自己」，也擁有我累積出來的「資

產」。金額多寡並不重要,只要你已經為未來做好準備,就不會對人生感到焦慮。

💲 有心就已經成功一半了

「我要是早點認識阿婆姐姐就好了⋯⋯。」

「我身邊沒有像阿婆姐姐一樣會指點我的人!」

每當 YouTube 影片底下出現這種留言,我都會在心裡真摯地為他加油和鼓勵。

「現在也還不晚。你不就為了學習,主動來找我了嗎?」

很多人都認為理財 YouTuber 的朋友好幸運,可以近距離效仿他們、會更有即時的優勢,但事實完全不是如此。根據我這段時間的經驗,不管再怎麼說服身邊的親朋好友,也不會有人想跟我一起理財,我根本就是對牛彈琴,毫無作用。為什麼會這樣?因為他們「不感興趣」。

對於不知道為什麼要做這件事的人來說,不管你說得再多都只是囉唆。剛出社會的時候,如果身邊有個前輩可以教你正確的理財知識,確實很棒,但最重要的還是你的心態。

💲 幫未來的自己,準備幸福的好日子

「此郵件將於一年後寄出。」

去金浦海邊玩的時候,我曾經看過一個又紅又大的「慢遞郵筒」,郵筒的旁邊擺著印有江陵美景的明信片。不同於一般的信件,放進慢遞郵筒的信要過一年後才收得到。仔細一看,這個郵筒上還印著一句「幸福的等待」。慢遞郵筒目前由韓國郵局事業本部和地方自治團體經營,已遍及全韓國 324 個地方。

我挑了一張心儀的明信片,寫下當時我在江陵旅行的切身感受,把它投進了慢遞郵筒。我在想:

「就像寄信給未來的自己一樣,我也匯點錢給未來的自己吧?」這不也是一種「幸福的等待」嗎?

為退休做準備有什麼難的?不就是把我現在手上一部分的資金,留給未來的自己嗎? 想一想,還真沒什麼大不了的,為什麼大家會覺得那麼難?

● 若以最高五個等級的辣度來形容,這本書大概第四級

不管怎麼苦口婆心,好像還是有一堆人聽不進去,所以我決定寫下這本書。我希望那些有拖延症、不想學習理財或是對

自己的未來置之不理的人,從現在開始打起精神,感受真正的幸福。

這本書獻給對人生感到焦慮的青年們、獻給在這個世界上沒有後台的年輕人。整本書有滿滿的「愛的碎碎念」以及我想傳達的五大內容——

1. 打醒你,讓你知道為什麼 YOLO 會帶你走向 GG。
2. 讓你明白,怪別人根本改變不了什麼。
3. 用條列式的方式,告訴你什麼叫做理財。
4. 分享如何一邊準備退休,又能過得幸福快樂的祕訣。
5. 談談那些讓我的生活變得更富足的故事。

從你看我的文章如雷灌頂的那一刻開始,你的人生將會改變。從現在開始,面對人生焦慮的時候,你不會再袖手旁觀,而且愈是焦慮你就愈渴望學習理財。**你將體會到存錢的樂趣,而不是花錢的快感。你不會再渴望擁有物品,而是會渴望擁有資產;你也不會再追求物質,反而更追求體驗。**

你不再只是生存,而是在生活;不再被生活推著走,而是可以自己掌控生活的方向;你不會再活在別人的定義下,而是

會活出自己真心認同的樣子。

　　我的第一本書問世了，希望除了頻道的「訂閱者」以外，也能從「讀者」的嘴裡聽見這句話——「認識阿婆姐姐之後，我除了性別以外，所有一切都改變了。」

• 目錄 •

前　言 | 我的幸福，只能靠自己負責　　　　　　　　　002

第 1 章
沒後台的都給我看過來

讓你感到怦然心動的事情　　　　　　　　　　　　014
別等 30 年後，才後悔沒有好好理財　　　　　　　021
活在當下不等於每天及時行樂！　　　　　　　　　028
通常「明天」會比「意外」先來　　　　　　　　　034
老後的未來，遲早會到　　　　　　　　　　　　　039

阿婆姐姐碎碎念 ❶ 能毀滅你的人生的，也只有自己　046

第 2 章
翻轉衝動消費的漏財習慣

開始理財之前，找出錢是怎麼用掉的　　　　　　　　**050**

▌第一階段：節省

20 幾歲去過 22 個國家，依然能存下 1 億的祕訣　　**059**
許多「根本不用花」的錢　　　　　　　　　　　　　**071**
不花大錢也有質感的約會建議　　　　　　　　　　　**079**

▌第二階段：儲蓄

儲蓄比投資更重要　　　　　　　　　　　　　　　　**087**
別讓薪水光是躺在薪轉戶裡　　　　　　　　　　　　**092**

▌第三階段：投資

用退休金帳戶下單 ETF　　　　　　　　　　　　　　**099**
跟我一起直購美股　　　　　　　　　　　　　　　　**110**
沒有認真工作，哪來閒錢投資？　　　　　　　　　　**118**

阿婆姐姐碎碎念 ❷ 覺得這輩子買房無望？振作點吧你！　**124**

第 3 章
打造正確的理財和生活心態

為什麼會買個不停？	130
相信自己已經夠好了	138
人生中絕對要過濾掉的人	147
存錢存到懷疑人生的時候	154
年輕就是最大的本錢	161
讓上班變快樂的祕訣	170
無痛開始改變生活的方式	177
阿華姐姐碎碎念 ❸ 想太久反而走錯步	186

第 4 章
不花大錢，也能擁有高品質的生活內容

比起長長久久，更想活得「豐豐富富」	192
興趣和愛好，會增加人生的可能性	197
假如這世界是一本書	205
好好整頓人生的方法	217
讓時間變多的方法	223
人生是一場平衡遊戲	229
「面子」到底值多少錢？	234
阿婆姐姐碎碎念 ❹ 你想在人生列車裡裝些什麼？	241
後記｜人生不該等待暴風雨過境， 　　　而是該先學會如何在雨中跳舞	243

【韓元與台幣金額快速比對】　　＊依 2025 年匯率：1 韓圜兌 0.022～0.023 台幣

韓元	台幣
10 萬	2,100~2,200
100 萬	2 萬 2 千~2 萬 3 千
300 萬	6 萬 5 千~7 萬
1 千萬	21 萬~22 萬
1 億	210 萬~220 萬

◆ 為了原封不動傳達作者的本意，〈阿婆姐姐碎碎念〉部分將保留方言語感 ◆

第 1 章

沒後台的都給我看過來

讓你感到怦然心動的事情

「姐妹們,我昨天手滑衣服了!」

那天,我久違跟朋友們一起在釜山的某家餐廳用餐。其中一位朋友,好像在宣示什麼似的說出這句話。她忍不住把放在網路購物車裡好幾天、只看沒買的衣服,全部清空了。旁邊的另一位友人也跟著開口。

「我昨天也手滑買了麵包。」

正在減肥的她向我們懺悔,說她昨天去家裡附近的一家麵包店,買一堆甜點回家然後把它們全吃光了。她說,其他事不好說,但唯獨對吃這件事,她毫無抵抗力。接著換我說道:

「我不久前也手滑買了機票⋯⋯。」

她們問我，這次又要去哪旅行了？我說，剛好看到飛河內的機票在特價就立刻買了。那陣子的我一直把「To Travel is To Live!」當成座右銘，當背包客四處旅遊。我們三個人的「手滑」似乎代表著不同的意義，我心想：

「我們三個收入雖然差不多，但錢都花在不同的地方。原來每個人都會對不同的事情失心瘋啊！」

喜歡購物的人手滑買衣服、喜歡美食的人手滑買食物、喜歡旅行的人手滑買機票。**讓我們忍不住手滑的東西，不就是我們各自人生中最渴望的東西嗎？**

💰 開始理財後，我更認識自己了

我發現，只要看家庭帳簿年底結算的支出花在哪，就能認識一個人。支出結算，是一年來每天認真記帳的人才能享有的特權。因為這件事，要先按照事前做好的分類持續記錄每筆消費後，大數據才能實現。認識自己最好的方法，就是在年底的時候，回顧自己把錢花在哪裡了。

下表是 2022 年我的支出結算。可以看到這一年來，我在每個項目上支出了多少錢（我以支出比例取代支出金額）。我

這裡所指的支出，不包含投資等金融支出，只計算花了之後就會消失的「消費性」支出。此外，使用禮券或點數結帳的金額，沒有實際從我的口袋裡支付出去，所以也不包含在內。

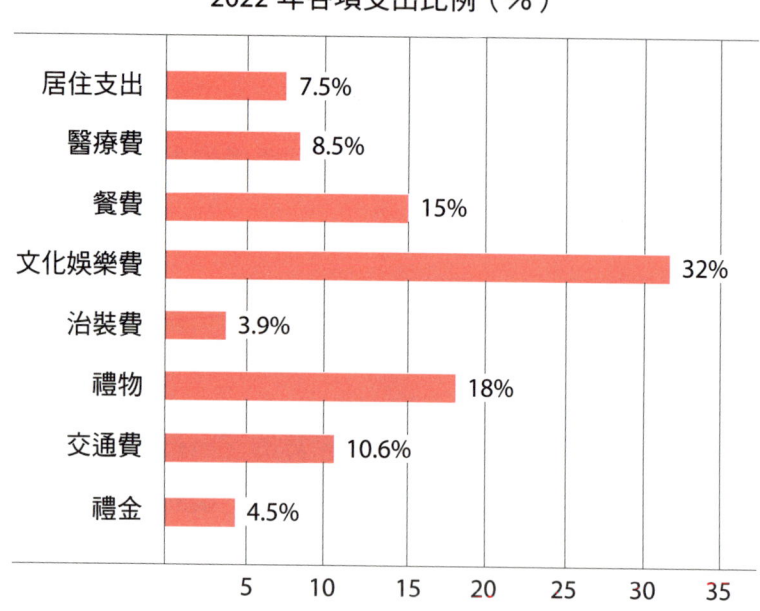

治裝費是我花費最少的地方，只占整體支出比例3.9％。治裝費可以細分成衣服、雜貨、化妝品、美容等四項，詳細支出中更令人驚訝的是，我一年只花了3,000韓元購買飾品。

為了把長髮束起來,我需要一個鯊魚夾,所以我在路邊的雜貨舖買了一個,但我甚至還覺得:「這塊塑膠竟然要花我3,000元嗎?」因為我需要的只是一個大鯊魚夾,顏色和造型並不重要。造型配件的目的是用來妝點自己,但我竟然只在意實用性,我可能真的對打扮沒什麼興趣吧。

接下來是婚喪喜慶的禮金占了4.5%、居住支出大約7.5%,占比不算高。當時我住在公司免費提供的宿舍,所以不需要支出自己在外面租房時需要負擔的各種費用(管理費、網路費、瓦斯費等等)。接下來,醫療費(醫院、藥局、藥品)占8.5%,交通費(保養、加油、停車、通行費)花了10.6%。烏俄戰爭導致油費居高不下,所以加油的支出占一成並不奇怪。

● 從前三名的消費,發現比吃更重要的兩件事

我需要注意的是前三名的支出。首先,餐費占據第三名。餐費可以細分成食材、外食、餅乾、外送、聚餐應酬等五大類,我的消費只花在食材、外食、零食這三樣上面。

最大的亮點在於,我一毛外送費都沒花過,從來不花錢叫外送。更讓我驚訝的是,我的餐費只占整體比例不到15%。

我一直盲目相信我的恩格爾係數[1]應該很高，結果並沒有。

那麼，我到底把錢花在哪了，竟然連餐費都望塵莫及？我的消費支出第二名是禮物費用，總支出的18％都拿來買禮物送人了（包含送父母的禮物）。打開明細一看，我總共送了38件禮物，一半給家人，一半給朋友。禮物在我的認知裡是「最值得支出」的消費。

最後，文化娛樂費以32％壓倒性的比例，拿下了眾望所歸的第一名。我的錢花在電影、書籍、旅行、瑜珈、演唱會、演講……等項目上，其中旅行占了96％。光是從圖表上，就可以看出我是一個真心熱愛旅行的人。

所以說，你的消費會真實地反映出你是一個什麼樣的人。**觀察錢花在哪裡，就能夠了解一個人的生活習慣，以及他重視什麼、喜歡什麼。**我的消費反應出我是什麼樣的人呢？大致上可以解釋成：熱愛旅行、不愛打扮、比起花錢餵飽自己更愛花錢送人禮物、生活費不高但交通費驚人。

---

[1] 譯注：餐費占家庭總支出的比例，可作為衡量生活水準高低的指標。

💲 支出內容會發現真正喜歡的東西

近年來，大家常常會說「我對 XXX 很感興趣」。我們的心之所向，會像這樣真情流露在消費習慣上。如果你有優先消費的項目，也就是說即使經濟再不寬裕（即使要省下其他的開銷），依然想花錢在特定的項目上，就代表著你是真心喜歡這件事。

舉另一個例子來說，認為理財學習很重要的人，遇到想聽的理財課，就算學費再貴也還是會存錢、騰出時間去聽講。還有，熱愛藝術的人就算省下其他開銷，也還是要去看心儀作家的展覽。

2022 年卡達世界盃的時候，一位跟我關係很好的大學前輩，為了看球賽去一趟卡達。當時我才知道，他原來真心熱愛著足球。「親眼看一場世界盃」是他的人生清單，他為此克服萬難（貴到爆的機票、調整工作排程、家人健康問題等），堅持到底，最後終於成行。

就連我也跟著非常激動，如此真心熱愛足球的人，親眼見證了大韓民國如奇蹟降臨一般，以二比一的成績逆轉勝，大敗葡萄牙進軍十六強的現場，他的內心應該澎湃到徹夜難眠吧？

「花錢做 A 可以，做 B 免談。」

當我們真心熱愛一件事情的時候，我們常常用到這個句子。在這裡，A 是你的心之所向，B 是你沒興趣的事。例如「花錢買書可以，花錢喝酒免談」。以我來說，我有錢去旅行，但沒錢買衣服；意思是，我再有錢也寧可花錢去旅行，不會花錢去買衣服。

花錢花得一點都不心疼，花完還會心滿意足，甚至想跟別人炫耀，這就是我們感到怦然心動的事物。你的 A 是什麼？它會帶領你的人生，走向更富足的方向嗎？

如果是，那就把注意力放在 A 身上吧！平常當你想買東西的時候，就回想一下 A，試著把想消費的心情先收起來。省下花在其他地方的錢，把錢花在 A 上面，如此一來，消費帶給你的滿足感將會變得更高。

說到底，理財是一個認識自己的過程，因為我們要把錢花在自己真正喜歡的東西上。

別等 30 年後，才後悔沒有好好理財

離開校園，進入社會開始工作的時候，有一件事絕不能拖——就是理財。剛開始賺錢的社會新鮮人，肯定對理財很陌生，不懂「理財是什麼？」覺得「理財好難」。

但如果一開始就拿自己不懂當作藉口，跟理財劃清界線的話，你這輩子都會搞不懂什麼是理財，我是認真的。**理財不是一個會隨著年紀自動增長的知識，今年沒開始理財的人，明年大概也不會開始。**

就這樣，任歲月持續流逝，對理財依然一無所知，只會傻傻認真存錢過日子（幸好還知道要存錢）。社會新鮮人以前拿的都是爸媽給的零用錢，第一次拿到公司給的薪水，反而不知

道該如何運用,肯定會感到迷茫。

還有很多人脫離窮學生的日子,突然拿到數百萬韓元的薪水,就跑去瘋狂消費。賺錢固然重要,但「怎麼花錢」、「如何讓資產增值」同樣也很重要,這也是為什麼我們出社會之後,第一步要先學會理財。

💲 理財,從一點點的關注開始

重點就是儘快開始關注「理財」這件事,並不是說立刻要做一些了不起的投資或馬上變成理財高手,而是至少要開始關注理財是怎麼一回事,願意敞開心房去了解。

所有一切,就只差在「一份關注」。當我們開始感興趣,就會把原本當成耳邊風的消息都聽進去;但倘若沒興趣的時候,不管別人說再多,一切就像過眼雲煙,什麼都聽不進去。對我們有幫助的資訊,其實早已如空氣般瀰漫在四周,能吸收多少,取決於我們投入的關注程度有多少。

千萬別認為「股票這兩個字離我很遠」、「這輩子都不可能接觸到房地產」。從一開始就要養成良好的習慣,一進入社會就要對理財保持關注,注意聽前輩們都在討論什麼,如此一來,我

們才能像海綿一樣吸收周遭的資訊。要做到這一點其實不容易，但只有儘快開始關注理財、儘快存錢，才能讓資產大幅增值。

💰 50 歲的人最後悔的一件事

一踏入社會，就應該先規劃好個人財務計畫，資產才能穩定增值。要是剛開始沒規劃好，以後只會後悔莫及。你知道 50 歲退休族最後悔的一件事是什麼嗎？就是「年輕時沒有好好學習理財」。

未來資產（Mirae Asset Global Investments）[2] 設立的投資與年金研究中心（Investment and Pension Center），針對 400 位 50 歲以上的退休人士進行問卷調查，其中有一題是「退休前沒有做好準備的事項中，讓你感到最後悔的事情？」有 37.5％的人回答「沒有提前做好財務規劃」，尤其是沒有提前累積足夠的股票或基金投資經驗，最令他們感到後悔。

退休族裡，幾乎沒有人後悔「年輕時沒有多花點錢」，反而多半在感嘆自己錯失良機，沒有儘早透過積極投資，長期累

---

[2] 編注：未來資產是韓國資產管理業的龍頭，屬於國際多元化投資平台。

積資產。現在這個時代，如果想讓資產增值，投資不可或缺。如果不想等到以後才抱怨「早知如此何必當初」，就別再拖延了，立刻開始理財吧！從 20 歲開始練功，到 30、40 歲的時候才能成為高手。

與其等到將來才為了省錢吃盡苦頭（到時候你要多付出兩、三倍的努力），不如趁早開始。從年輕開始理財，可以在相同的存錢時間裡，累積更多資產。假設大家普遍都在 30 歲結婚，那麼事實上，20 幾歲就是存錢黃金時期。結婚後，家庭成員數增加，支出會比單身時高出許多，存錢就變得更難了。所以從剛踏入社會到結婚生子之前（通常短則 5 年，長則 10 年），要盡可能把握儲蓄的好時機。不管薪水有多少，就算再少也要盡量省吃儉用，認真存錢。即便日子再苦，只有在這個時期存到種子基金，而且有在好好投資的人，40 歲以後才能享受經濟穩定的生活。

💲 使用複利的魔法，讓時間為你賺錢

我們之所以要從年輕開始投資，有個重要的原因是「複利的魔法」。在談到複利時，常有人說「時間就是金錢」，但意

思不是時間很珍貴，而是時間會幫你賺錢。時間會在我們不費吹灰之力的情況下不斷前進，時間愈久，錢就愈多。

複利是一種「連本帶利」的計算方式，簡單來說就是重複的「複」加上利息的「利」，除了本金以外，本金所產生的利息，也跟本金一樣能繼續生出利息。也就是說，第一期所產生的利息會加在本金裡面，成為下一期的本金，所以這份利息是用跟本金一樣的利率，繼續生利息。

因此就算利率不變，期滿之後，本金跟利息也會隨著每一期利息的加成，愈來愈多。世界上最偉大的物理學家愛因斯坦（Albert Einstein）曾說：「複利是第八大世界奇蹟。懂的人，可因此獲利；不懂的人，將為此付出代價。」

時間，就是最強的理財武器

有一個簡單的公式，可以計算出複利的利率，需要花費多少時間才能讓本金翻倍，這個公式就是「72法則」。假設每年以5％的年利率持續儲蓄，500萬要多久才會翻倍？

應該很多人，簡略計算後會回答20年吧？不過正確答案是14.4年。本金加上5％的利息；利息加成過後的本金，又再

加上5％的利息,可以縮短本金翻倍的時間。寫成公式是:「72 ÷ 年利率＝翻倍所需的時間」。

舉例來說,100萬的儲蓄,在5％年利率之下要翻倍,所花費的時間是72÷5＝14.4年。假設報酬率是10％,翻倍的時間會變成72÷10＝7.2年,時間就更短了。複利的魔法,讓金錢增值的速度變得更快,讓我們可以比想像中更快累積一大筆資產。用72法則計算時,在不同的年利率下,本金翻倍所需的時間如下:

年利率（%）	本金翻倍時間
2%	36 年（35.003 年）
3%	24 年（23.450 年）
4%	18 年（17.673 年）
6%	12 年（11.896 年）
8%	9 年（9.006 年）
9%	8 年（8.043 年）
10%	7.2 年（7.273 年）
12%	6 年（6.116 年）
18%	4 年（4.188 年）
24%	3 年（3.222 年）
36%	2 年（2.254 年）

剛開始理財的年輕人，很難馬上就拿到高報酬率。但是，年輕人擁有「時間」這項武器，有特權能夠施展複利的魔法。

年輕人的未來比過去更長，以後還有很多時間，只要下定決心利用時間優勢，就能讓資產增值。但如果你選擇放棄這項特權，對其置之不理還浪費掉的話，還不如把這份青春送給需要時間的老人家吧！

活在當下不等於每天及時行樂！

　　大概是 10 年前吧？我在國外當背包客的時候，曾經在青年旅館看到一句令人印象深刻的話。一個看起來像是訪客留言板的軟木公告欄，上面貼著厚厚一層的便利貼，其中有一張的內容是：

> You only live once. But if you do it right,
> once is enough.
> （人生只有一次。但凡你有活出自己，便已足矣。）

1 沒後台的都給我看過來

潦草的手寫體,應該是外國旅客留下的吧?我很好奇這句名言的由來,上網搜尋了一下,發現這句話出自於1920年代一部經典電影《Diamond Lil》的女主角梅‧蕙絲(Mae West)。

沒錯,我們的人生只有一次,但只要「活出自己」,就算只有一次也就足夠了!當年我是20幾歲出頭的大學生,這句話就像當頭棒喝一樣,我覺得要好好活出只有一次的人生。我想,這就是YOLO最原本的意義。

但不知怎麼搞的,韓國社會對於「YOLO」這個字的定義似乎有點不同,重點好像不在於「人生只有一次」,反而更傾向在鼓勵「及時行樂(消費)」。年輕人之間開始流行起「人生苦短,死而無憾!」但如果上網搜尋,**YOLO其實是指「以當下的幸福為目的,進而消費的生活方式」**。結果YOLO的本意已經不是You Only Live「Once」,似乎變成了You Only Live「Today」。人生明明只有一次,但為什麼大家從年輕的時候,就開始不斷提倡去做一些讓人生毀滅的事?

💲 不要用表面上的幸福欺騙自己

　　真正的「過得好」,不是只有今天過得好,明天也要過得還好,而且 10 年後也要過得很好,活出一個毫無後悔的人生。「我對未來沒有打算,總之現在先過得幸福比較重要!」這種句子裡蘊含的幸福,很可能只是表面上的幸福。

　　務實地想一想,即便你抱著「每天都是世界末日」的心態在過日子,但這個世界終究不會毀滅,反而只有你唯一一次的人生會迎來世界末日。或許「YOLO 帶你走向 GG」這句話,就是因此而來的。那些抱著不踏實的心態過日子的人,多半都會聲稱自己在享受人生,佯裝的很幸福,但心裡卻滿是焦慮。因為他們心裡也知道,今天有多浪費,明天就有多不幸。但他們依然不會改變自己的行為,心裡想著「船到橋頭自然直」,繼續加速不幸降臨的速度。

　　如果他正處於最燦爛的青春時期,那 YOLO 的藉口又更好用了。但聰明的年輕人應該都知道,**享受青春固然美好,但青春並不一定要透過「花費」才能享受。**

　　有趣的是,當年的我 20 幾歲,身邊常常有人跟我說:「別再 YOLO 下去了,快把自己嫁出去!」在外人眼裡,我看起來

好像都在做自己想做的事，所以他們很自然地認為我花錢如流水吧（也許他們是根本就不了解我、卻想對我的人生品頭論足的人罷了）？

但我並不YOLO，而且根本沾不上邊，我比任何人都更拼命的在為自己的未來做打算。真正了解我的人會說：「妳真的很務實。」我的人生就是最好的證明：我幾乎不隨意消費，只專注在自己想做的事情上，而且過得比任何人都更有趣。

我身邊也有位「YOLO族」，她是我的摯友之一。我知道她平時熱愛消費，只活在當下，但我從來沒有干涉過她的理財價值觀，因為我們都是成年人了，都有自己的人生。

直到某天，她因為買房的煩惱打給我，我們講了好久的電話，我才知道她現在幾乎沒有存款。她雖然已經結婚而且是雙薪家庭，但到了這把年紀，夫婦倆卻一毛錢都沒存下來。這種情況下，到底要怎麼買房（她似乎以為買房可以全額貸款）？

這個狀況很嚴重，我的好朋友開始擔心起自己的未來。她對我來說很重要，是為數不多、我老了以後還會想跟她一起去旅行的朋友。我雖然不能理解她為什麼可以過著毫無計畫的人生，但我還記得，那是我第一次開口跟她說：「妳不能再這樣下去了。」

💰 人家有後台可以隨意花錢，你呢？

在我身邊有些人是跟著朋友一起成了 YOLO 族，他們沒有考慮自身處境就跟著朋友一起花錢享樂。每個人的處境都不一樣，為什麼要跟著別人花錢？跟收入水準不同的朋友，每天一起購物、一起吃喝玩樂，以後會怎麼樣？年薪 3 千萬韓元但每年花 3 千萬韓元，跟年薪 1 億韓元每年花 3 千萬韓元，能相提並論嗎？

仔細想想吧，你有靠山嗎？如果你有，那這本書你不讀也罷。但如果你想破了頭，還是覺得自己沒靠山，就要認清你跟他的處境不一樣。

不要誤以為有後台的朋友跟你一樣，人家有餘裕可以盡情花錢，也許他家有上一輩傳承來的事業，或是父母送他房子，又或者是他爺爺、奶奶那代就已經存下足夠養活子子孫孫的資產。總而言之就是，他後台夠硬，所以可以這樣花。

但把自己當成他，搞得像是自己也有後台似的恣意花費；認真讀書十幾年，好不容易找到工作，卻隨隨便便就把血汗錢花光，到底是在想什麼？再這樣下去，你的朋友未來還是過著這樣的生活，但只有你會變成乞丐。到時候你就算埋怨他，覺

得自己被背叛也沒有用,因為你必須為自己的不知分寸和揮霍無度付出代價。

如果還有年輕人抱著YOLO的心態過著毫無計畫的生活,希望你們記住這句話:「人生只有一次,想活出自我,就快點醒醒吧。」試想一下,把你用在YOLO上的時間和金錢拿來做別的事,資產會累積得多快。

你不為自己的每一天感到可惜嗎?我覺得每天的流逝都令人感到不捨,就連此時此刻正在流逝的時間,我也覺得不捨的要命。有時候會被問到為什麼要這麼認真過生活?我思考過答案,原因只有一個——因為我沒有後台。**如果沒有靠山,我就只能自己造一座山。**

通常「明天」會比「意外」先來

　　有些年輕人會說「人不知道什麼時候會死……」，用這種方式把及時行樂合理化，但我並不這麼想。正因為人不知道什麼時候會死，才要更珍惜一切；我們確實無法得知明天會不會到來，但想著這件事過日子，反而才無法活在當下。

　　現實中，健康的普通人當場死亡的機率有多少？據韓國統計廳的「各年齡層死亡人數」統計資料顯示，2022 年 20～24 歲的死亡率是 0.0355％；25～29 歲是 0.0482％。也就是說，20～24 歲族群中，每 10 萬人裡只有 35.5 人死亡；25～29 歲，每 10 萬人只有 48.2 人死亡。就像數據所說的，大多數人 20 幾歲的時候都不會死，長壽的機率比明天立刻死亡的機率更高。

我們明天不會死，後天也不會。過了40、50歲之後，轉眼間就會來到80～90歲，倒霉一點搞不好會活到120歲[3]（這個說法已經不再是笑話了）。我們未來要過的日子，比過去的日子更長，也因此大韓民國成為一個有「老年貧困」與「高齡勞動」問題的國家。也許有些難以置信，但韓國有一半的老年人口屬於貧困階層。

　　韓國的老年貧困率已經連續好幾年位居OCED（Organisation for Economic Co-operation and Developmen，經濟合作暨發展組織）會員國的榜首（而且還壓倒性超越其他前幾名的國家，穩坐第一名）。常常看到新聞標題寫著「老年人每2人就有1人陷入貧困，晚年處境慘淡」，每當這種時候，我就會想：

　　「如果我跟我朋友之中，每2人就有1人要落入貧困階層，我想選哪一邊？」

3　編注：根據內政部公布，2023年國人平均壽命達80.23歲。

💲 如果老後想過得幸福快樂

夫妻倆退休後開啟人生第二春，周遊列國、享受休閒生活，是所有人的夢想，但現實並非如此。2023年10月韓國統計處公布的「綜合退休金統計報告」指出，截至2021年，大韓民國65歲以上的高齡者，每月平均退休金收入僅有60萬韓元（近年來，每年只增加4萬元左右，直到2021年才突破了60萬大關）。

退休金請領人比例，男性高於女性，每年提領金額男性（781,000韓元）也比女性（447,000韓元）更高。韓國女平均壽命比男性高出6年，結論應該說，女性是不是活得更久，也要**窮**得更久呢？

每個階層的退休金所得差距也很大。[4] 前5％的高齡者，每月平均可以領取200萬韓元以上的退休金，但後20％的高齡者，每個月平均不到25萬韓元。「國民年金」是退休金金字塔的底層，平均月領金額只有38.5萬韓元，連「零用錢」都稱不上。為了補貼不夠的所得，每年有愈來愈多的高齡人口只

---

[4] 編注：根據勞動部「勞保老年年金年度統計資料」統一資料，台灣平均請領年齡男性61.61歲、女性61.27歲；平均給付金額男性20,683元，高於女性18,226元。

能重回職場,維持生計。

誠如上述,韓國一大部分的高齡者,在人生的最後階段依然過著貧困的低薪勞工生活。年輕人即使以間接或直接的方式看在眼裡,卻依然覺得事不關己,深信自己未來絕對不會淪落至此,這真的是天大的誤會;**晚年貧困的人,幾乎沒有人預料到自己的晚年生活如此慘澹,他們都會這樣說——「我哪知道自己會變成這樣?」**

「我以後會變得很窮。」這世界上沒有任何人會抱著這種想法步入晚年。我們需要用更冷靜沉著的態度為晚年做準備,至少我們這一代不應該再重蹈覆轍。

有人會期待自己晚年不幸嗎?應該沒有吧?大家都夢想過上幸福快樂的晚年生活,我也不例外。我不想到60、70歲還在為錢操心,希望只要下定決心(身體也跟得上的話),就可以跟心愛的家人一起去歐洲旅遊4、5個月,或是一起去趟郵輪之旅。假設60歲退休、90歲離世,退休後還會有30年的日子要過。既然還要再過30年,如果死前都可以不用再為錢擔憂,那該有多好啊?想像一下,先不論其他事情,光是30年來完全不用「為錢擔心」,這種生活有多美好?

💰 現在理財，是為了有尊嚴的老後生活

　　我的外婆今年 86 歲了，以她的年紀來說，身體算很硬朗，看起來也比同齡人年輕。外婆偶爾會說：「我不知道我會活這麼久。」她說年輕的時候雖然日子很苦，但這輩子做得最對的選擇，就是盡可能按時繳納退休金。別人把錢花去虛張聲勢或撐場面的時候，我家奶奶東存西存，不放過任何一分一毫。她一邊存錢，一邊把孩子養大，也買了自己的房子。

　　現在快 90 歲的她，住在舒適的家裡，每個月領著不少退休金。她說非常慶幸當生病要就醫的時候，不需要看子女的臉色，也不需要等子女給她生活費，想去旅行就去旅行（我跟外婆什麼話都能聊）。我覺得這些退休金，守護了奶奶的自尊心。隨著年紀愈來愈大，身體和精神本來就會愈來愈差，但上了年紀後，**擁有自己的財產，用自己的錢生活，不用給家人或身邊的人添麻煩，是非常重要的精神支柱。**

　　這件事會直接關係到我們的健康，甚至是幸福。生活不會自己變好，明天由我自己創造。所以說，不應該去想「不知道哪天會死，想花錢就花錢吧」，而是應該轉念：「既然我要活那麼久，先來想個辦法，讓未來可以過得從容自在一點吧。」

老後的未來，遲早會到

　　覺得自己離退休還很遙遠的 20～30 歲世代，以及那些沒在為退休做準備的 40～50 歲世代，每當我問他們：「你們為什麼不為養老做準備？」他們多半都會回我：「我現在賺錢都來不及了，要做什麼準備？」這時，我就會在心裡面想著：

　　「你現在錢都不夠用了，難道以後日子會更好過嗎？」

　　我在 20 多歲的時候，從沒想過「為養老做準備」。我認為那是 40～50 歲的職場前輩才會聊的話題，對我來說還很遙遠。但是某天，我突然在想，如果我一直拖、遲遲不做準備，會不會就這樣直接迎來退休生活呢？年紀每年在長，只要我人還沒死就一定會變老，大家都知道這件事，為什麼還要拖呢？

💰 不只現在、未來也想過好日子

據說,人類的大腦本來就會下意識逃避自己不想接受的事實。也就是說,將來要享受愜意的生活,現在當然必須減少消費,但因為不想接受這個不舒服的事實,所以選擇視而不見,覺得「船到橋頭會自然直吧」。但這個問題,就算我們不想面對也躲不掉。

我們終究都會變老,現在的平均壽命愈來愈長,我們未來成為老公公、老婆婆的歲月也會變得更長。如果身無分文,「長壽」就會變成一場「惡夢」。俗語說:「出生貧窮不是我的錯,但死於貧窮卻是我的責任。」我們已經不再是窮人家的小孩,而是長大成為「窮人」,不能繼續把錯都怪在「家境不好」了。

想改變自己的未來,要從現在開始著手準備,未來才會有所不同。就算你的收入不算是有錢人,但現在不省一點、不把錢拿去投資,等到退休沒收入的時候,日子擺明了只會更苦。

活在百歲時代,我不希望人生毫無計畫,所以我選擇在20幾歲這個相對年輕的時候,開始著手規劃「退休理財」。我最大的心願是老了以後可以不用為錢擔憂,像現在的我一樣,做自己想做的事,過自己想過的生活。儘管現在的人們動不動就

喊著要「財富自由」，**但我追求的不是眼前的財富自由，我投資的目的是要好好準備將來的退休生活。**[5]

我們的人生，不應該是年輕時短暫有過一段好日子，而是要一直過著好日子，直到棺材蓋上的那一刻為止，而不是短視近利，想著要在 20、30 歲的時候過得舒適。假設我們能活到 100 歲，那就要全面性的思考，這 100 年要怎麼過。如果你現在才 30 歲，不管過去過得如何，重點是未來這 70 年要怎麼過。

據說，人生的黃金時期不是 20 歲。大韓民國最年長的哲學家金亨錫曾在著作《活了一百年才明白》（暫譯）中提到，人生的黃金時期是 60～75 歲（現在 104 歲的他，在近期的訪談中又改口多加了 5 年，變成 60～80 歲）。如果不想把老年的黃金時期過成冰河時期，年輕時就得聰明做規劃，把年輕力壯當成武器，不遺餘力地拼命努力。

---

[5] 編注：2025 年財政部公布高齡者所得統計中，平均每人股利所得約 27.8 萬元，相當於月領 2 萬 3166 元；其中男性平均股利 37.9 萬元，女性約 19.4 萬元。

💰 同一個起跑點，結果卻不同

即便同一天進公司、領著同樣的薪水、在同一家公司上班，有些人後來成為房地產大亨，有些人還在到處租房。為什麼會這樣？差異取決於上班工作的這段時間，你有多用心在理財、有沒有讓時間為你賺錢。

有些人虛度光陰，數十年來淪為薪水的奴隸，有些人卻懂得把薪資和時間當成工具運用得宜。退休後愜意的生活，只有後者才能享受。那些愛裝闊，在職場上浪費30年光陰的人，退休後只會迎來淒慘的下場，到時候再後悔，早已回天乏術。

年輕的時候差異不明顯，大家日子看起來過得都差不多，朋友之間也不會察覺彼此的生活早已出現落差。但40歲以後，20、30歲時穩紮穩打存了一筆種子基金、投資習慣良好的人，跟沒有這麼做的人之間的差距會逐漸浮現。到了50、60歲的時候，差距就更大了，因為生活水準差太多，甚至難以繼續往來。所以說，如果你對於退休生活毫無計畫，以為這件事還很遙遠，我希望你別再拖了，從今天開始動起來為退休做準備，而且愈快愈好。

💲 退休規劃最重要的五樣東西

所謂的退休理財，是指透過理財準備一筆退休基金，好讓退休後可以過著穩定的生活。為了退休後的幸福，我們需要這五樣東西——錢、健康、工作、朋友、興趣。但我認為，一切的前提是要能享受為退休做準備的過程，對現在的生活感到滿足。所以說，**退休理財除了要平衡這五個面向以外，還要把這份價值觀融入自己的生活。**

有些人聽到我在為退休做準備，就以為我日子過得很苦，但我完全不苦，而且每天都過得比昨天更幸福。一想到將來的退休生活，我就已經是既期待又興奮了。我也很享受現在的人生，因為我相信，退休後的我可以過得自信又富饒。這個過程中，沒有後台的我，為自己創造出一座靠山。有一個令人放心的未來，現在的每一天，我也可以過的無比幸福。

💲 不委屈現在的自己，未來也能過得幸福的方法

我之所以在為退休做準備，是因為我很享受每天都能拿到

禮物的感覺。為退休做準備,就是送禮物給將來的自己。也許在某些人眼裡,我放棄當下的幸福,把它送給了未來的我。但「未來的我」也還是「我」啊(不是別人),送禮物的人本來就比收禮物的人更幸福,我怎麼可能不幸福呢?

我的人生有時候很無趣,有值得期待的事物才會變得有趣。就像去旅行前,我們會興奮的等著那天的來臨,大家也一起期盼著幸福快樂的退休生活吧!人生旅行不就是一條任何事物都無法比擬,既漫長又重要的旅程嗎?

沒後台的都給我看過來

> **阿婆姐姐的真心話**
>
> 不要覺得談到錢好像是什麼很膚淺的事情，等到你 50 歲了，突然發現快要退休、但幾乎沒有存款和資產的時候，就會非常後悔為什麼 20 幾歲的自己沒好好的認識錢。

阿婆姐姐碎碎念 1

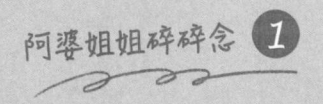

能毀滅你的人生的，
也只有自己

「我要享受當下的快樂！」揮霍的人通常有這種特質：他們誤以為自己可以這樣過一輩子，潛意識裡渴望著一夜致富。正因為那份「總有一天能一夜致富」的幻想，以致於他們花錢絲毫不手軟。

YOLO族其實反而更在意金錢，他們最終都希望成為有錢人，但卻做著完全相反的事，有夠矛盾。夢想著一夜致富，但現實卻很骨感，乾脆抱持著「算了，管他的！」的態度繼續揮霍無度，但每個禮拜卻還是跑去買樂透。

假裝自己不在意錢，實際上在意的要死。如果這段文字讓你覺得不舒服，很抱歉，你有可能就是這種人。你看得愈不舒服，就愈要記得「良藥苦口」。這本書是寫給腦子還不清楚的

年輕人、想打醒自己的年輕人，你也可以把這本書送給你希望他醒醒的年輕人。雖然很痛苦，但還是要面對現實，這樣你才能從 YOLO 的地獄中爬出來。

這種自生自滅的年輕人，總是很不聽勸，他們骨子裡認為自己就是對的；等到未來出了問題，又把錯怪給別人。如果你對現在的人生感到不滿，那是你的錯，不是這世界的錯。如果你現在很窮，那也是你的錯，不是父母的錯。

人生的每個階段都需要自己耕耘。早年的命運也許取決於父母身上，但中年和晚年的命運，取決於你自己累積的果實。自生自滅，自己的人生自己毀滅，不是別人也不是父母。當然，你拿著自己的錢自毀人生，別人也無權干涉，但以後你也別怪別人。請記得，你的人生自己負責。

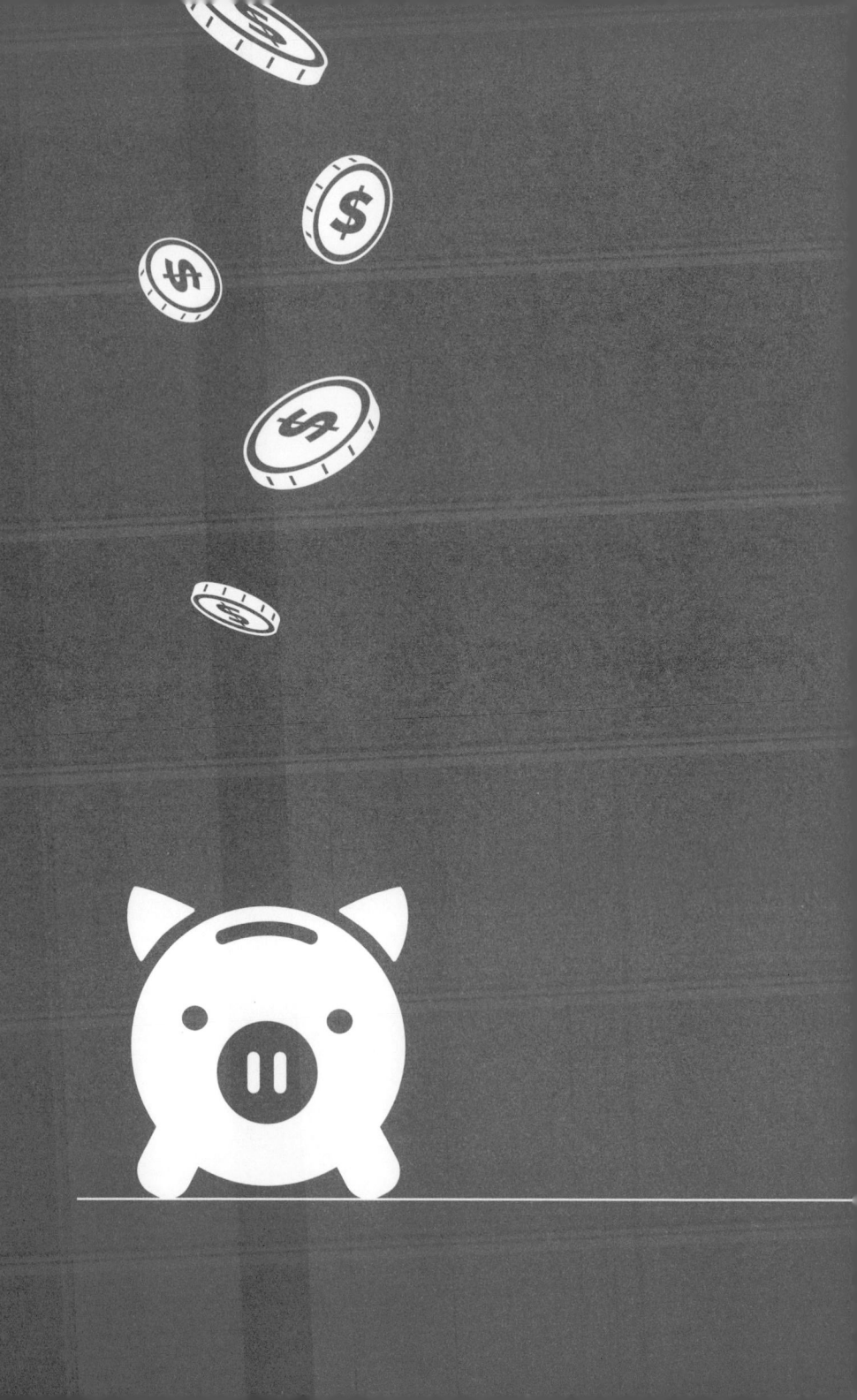

第 2 章

翻轉衝動消費的漏財習慣

開始理財之前，
找出錢是怎麼用掉的

如果你現在才開始關注理財、決定要控制收支，接下來腦中浮現的問題應該是：「所以，我要怎麼開始？」

不知道該從哪裡開始，也要不知道要先投資什麼。先別急，理財是「省錢 ⟷ 存錢 ⟷ 投資」反覆循環的過程。盡可能節省開銷、存下更多的錢、做出合理的投資。

進入這個過程之前，我們應該先做什麼準備呢？首先你最該做的，就是確認自己的財務狀況。**你必須了解自己現在賺多少錢、花多少錢、有多少錢；要做這件事，「記帳」是最好的方法。**

把收入、支出與資產整理好，寫在記帳本上，你的財務狀

況便一目了然。像照妖鏡一樣,直視最赤裸的自己,才能邁出節省的第一步。

💰 一元、十元的零頭也是錢

錢的流逝總是神不知鬼不覺,記帳本可以幫你抓到這隻漏水鬼。開始記帳後,你可以一筆一筆檢視,看看哪些費用是定期的支出、哪些是變動的支出。如此一來,不必要的支出和可以砍掉的開銷,就會一個個的出現。

記帳的時候愈詳細愈好,最好盡量具體寫下支出的原因、金額與支付方式。以我來說,我記帳的最小單位是「一元」,我不會以千(韓)元為單位四捨五入、只記個大概。這麼做的好處在於,我可以準確知道自己的收入與支出,也不會忽略小錢,不把小錢當錢看。

例如,我會把信用卡現金回饋拿到的 14 元、31 元、29 元都當成收入,記進存款裡,結果進化到連 10 元都非常珍惜的境界(我在路上看到 10 元也會撿起來)。我常常提醒自己,沒有百就沒有千,沒有千就沒有萬。

💲 記帳帶來的正確消費習慣

記帳最重要的地方在於「決定預算」，每個月努力把消費控制在預算內。如果不做這件事情，會變成有多少錢就花多少錢，那就失去記帳的意義了，因此，我們要設定一個年度財務目標。乍聽之下好像很難，但其實根本沒什麼。

首先，要決定 1 年要存多少錢，然後把目標金額除以 12 個月，再從每月所得中扣除這筆錢，就可以計算出每月預算了。舉例來說，假設你今年決定要存 3 千萬韓元，每個月的薪水是 350 萬，那麼你每個月要存 250 萬（3 千萬除以 12 個月），所以你每月支出的預算是 100 萬韓元。

年度目標金額 ÷ 12 個月 ＝ 每月目標金額

月薪 － 每月目標金額 ＝ 每月支出預算

只給自己固定的零用錢，努力達成目標的過程中，自然會開始節省開銷，不再做非必要的支出，開始習慣按照計畫過生活。開始記帳之後，只要沒花錢就不需要整理帳務，是一種小確幸。**覺得記帳很困難的人，是因為消費太多，要寫的東西太多。**

開始記帳之後，我就再也不用信用卡了。信用卡的消費不會立刻支出，銀行帳戶的餘額會對不上，金流變得複雜，不利於管理。我之所以申辦信用卡是為了享受各種優惠，但開始記帳之後，我發現根本沒用到那些優惠。

有些不常用的信用卡，我為了以防萬一而繼續留著，結果每年卻要付出幾萬韓元的年費。既然沒在用，我何必送錢給信用卡公司？假設之後有需要就重新申請就好了。因此後來我果斷地剪掉信用卡，乾脆利落。當時有一張非常有名、被稱為「超值卡」的信用卡（因為優惠很好，很多消費者想申辦，但已經停辦不再發行新卡了），我連這張卡都一起剪掉了。

因為如果要享受信用卡優惠，前一個月必須消費30萬韓元以上，不僅消費額很難湊到，每個月要花心思也很麻煩，金額又沒辦法剛好卡在30萬，所以偶爾會有不必要的支出（為了消費滿30萬，我多半都會花到32萬、45萬、50萬）。

雖然也可以一直換卡享受各種優惠，但剪卡之後就不用再煩惱了，我覺得神清氣爽。比起買什麼東西、拿什麼優惠，我更喜歡一毛錢都不要花。

💰 記帳後發現「不必要花」的錢

開始記帳之後，常常會感到後悔——「買這個幹麻？」「為什麼要花這筆錢？」「啊，好浪費！」想把這些浪費掉的錢重新塞回錢包，但才發現我根本無力挽回。賺錢很難，花錢卻是轉眼瞬間；會賺錢很重要，但花對錢也很重要，我從中體悟到金錢的珍貴。

如果你後悔花了哪一筆錢，最好在記帳本上做個筆記，為這筆支出留下心得。月底結算的時候，回顧自己的消費習慣，留點時間自我反省，找出可以改進的地方，提醒自己下個月要多加注意。等你持續做了 1 ～ 2 年累積出經驗之後，理性消費能力值將會在不知不覺間升級。

● 固定支出的陷阱：讓你以為不能減少

如果不管再怎麼找，都找不到可以刪減的開銷時，就要從固定支出下手。我們經常被「固定支出」這個詞給騙了，以為它「不可動搖」；因為是每個月固定支出的款項，久了就覺得那是理所當然的花費，就掉入陷阱，直接複製上個月的固定支出，然後就只專注在變動支出之上。

但其實，固定支出比日常開銷更可怕。**我們必須要轉換思維問自己：「這筆錢從什麼時候開始固定支出的？」「這筆開銷有辦法減少嗎？」** 放任一筆未來 10 年、20 年間每個月都要支出的款項不管，光用想的就令人頭皮發麻。對於收入有限的人來說，若想要想存更多的錢，就必須儘快調整固定支出。

舉個例子，最具代表性的固定支出就是保險費。很多人每個月繳著數十萬韓元的保險費，卻不知道自己保了什麼。特別是那種從父母手上接手的保險，很多人繳錢之餘，根本不知道保障的內容有哪些，或者是有些人剛踏入社會的時候，把終身保險當成了儲蓄險。

每個月保費自動扣款的時候，雖然總會懷疑：「我繳的這筆錢值得嗎？」但卻又因為怕麻煩選擇視而不見。但如果這筆保險你根本不需要呢？如果你繳的保費太高呢？至少要檢視一次並果斷整理清楚。如果買了不適合你的保險，將來真正需要的時候，反而可能得不到保障。那麼這 2、30 年的歲月誰來補償你呢？等到那時候，你又因為捨不得之前繳的保費，下不了手解約（保險商品中途解約時往往會承受損失）。

我們必須趁早發現問題，不可以繼續放任不管。請確認自己買了什麼樣的保險，如果因傷害或疾病住院，能不能領到理

賠金。電信費和訂閱費等等固定費用也一樣，找出同性質的商品，減少支出。

🪙 致懶得記帳的人

這輩子沒有記帳習慣的人，突然之間要每天記帳，真的很痛苦，我剛開始記帳的時候，也覺得很痛苦。但是只要努力幾個月，養成習慣後就很簡單了，記帳將會成為日常中的一個例行公事。

我每天晚上都會坐在書桌前記帳，我已經習慣到，如果不做這件事就覺得一天沒有結束。留點時間記帳、回顧一整天的經過也有它的好處。我每天都可以檢視自己離設定的財務目標還有多遠。我的專注力都放在達成目標之上，而且在日常生活中轉化成實際行動，加速自己的目標完成度。

「我沒時間探究這些事。」「我太忙了，沒時間記帳。」這些話都是藉口。記帳要花你多少時間？一天只要投資 10 分鐘就行了。**晚上有時間放空，坐在電視前面耍廢，睡前躺在床上滑手機，不如把這些時間拿來記帳**。這件事可以創造出你與家人幸福的未來，哪裡麻煩？

最近記帳的方式也很多元，可以手寫在筆記本上，也可以用 Excel 或是手機 APP，考量用戶使用方便性開發出的 APP 甚至高達數十種。沒有哪一個方法比較好，**重點是選擇你覺得最順手的方式，儘快開始記帳**。你可以先試用幾款，很快就能找到適合你的方式。

　　我之所以常說：「如果你不知道要從什麼開始做起，就先去記帳吧！」是因為一旦開始記帳，就能改變許多事情。你會開始感受到，你可以為自己的財務做主，對自己產生信心，過上平衡的生活；並且學會制定務實的長期計畫，就像是與自己並肩作戰，朝著目標邁進的成就感。這麼棒的事情，只把它稱為「記帳」真是太可惜了。難道你不想親自記錄這份偉大的文件，好好地運用，讓自己成為有錢人嗎？

第一階段

節省

想在有限的收入下累積財富，必須盡量節省。
如果不養成節省的習慣，
不管收入再高，也絕對無法致富。

20 幾歲去過 22 個國家，依然能存下 1 億的祕訣

　　英國、西班牙、義大利、瑞士、德國、捷克、奧地利、荷蘭、比利時、法國、日本、中國、菲律賓、越南、寮國、泰國、印尼、新加坡、台灣、澳洲、香港、澳門，20 幾歲的我總共去過 22 個國家。

　　其中有一半是學生時期去的，另一半是工作期間去的。大學時期，我堅持「出國不應該花父母的錢」，因此善用了由學校或國家出資的各種計畫。但其實有一大部分，我是花自己的錢去旅行。因此，當我說在 20 幾歲已經存到 1 億韓元的時候，大家都會感到很驚訝。

💰 不是富二代，高三就開始打工自立

大家都很好奇，我去這麼多地方旅行肯定花了不少錢，怎麼可能存到 1 億韓元[6]，是不是家裡本來就很有錢？老實說，我不是什麼高薪族，也不是有什麼富二代。

我的家境不是太好，家中只仰賴父親的收入，成員裡還有兩小兩老（我從小就跟爺爺奶奶一起生活），生活並不富裕。我記得，小時候不管想要什麼、想吃什麼都一定要「忍下來」。

19 歲，我還在讀高三，剛考完學測後就脫離父母的金援，開始經濟獨立了。大學入學前，從 11 月開始到隔年 3 月，這段時間我都在馬山自由貿易區的手機工廠打工。幸好我考上學費便宜的國立大學，也拿到了獎學金，學費方面沒有負擔，但必須靠自己賺取生活費，所以大學時期我打過十幾種工。

當時朋友們還給我取了個綽號，叫做「打工怪」（不過，有很多朋友都跟我一樣總是在打工，所以我並不孤單）。從那時候開始我必須自給自足，很早就建立起財務觀念，也養成了節儉的生活習慣。其實節儉的 DNA，應該是從爺爺那代就流

---

6 編注：依目前匯率，約 200 萬台幣左右。台幣與韓元的幣值快速對照表，置於目錄最後一頁。

傳下來了,可以說是我們「家族的遺產」,多虧如此,我才能比別人更早養成這項美德。

💲「節儉」不是忍耐,是把錢花在必要的地方

節儉是什麼意思?查完國語字典對節儉的定義後,我讚嘆不已。

「不隨意花費,只用在真正需要的地方,節省儉約。」

用一句話就說出了精髓——不隨意花費,只用在真正需要的地方,節省儉約,也就是「不把錢花在不必要的地方」。我之所以可以邊玩邊存下 1 億韓元,祕訣就是節儉。由於我只在必要的地方花錢,把薪水扣掉儲蓄和投資之後,奇妙的是,我竟然還有多餘的錢可以旅行。雖然我聽起來像在鬼扯,但這就是節儉的魔法。

我們唯一要做的,就是「不花沒必要的錢」,只要省吃儉用,把錢花在刀口上就會有多餘的錢。「薪水不夠用」、「扣掉生活費之後沒剩幾毛錢」,把這些話掛在嘴邊的人,應該捫心自問,你是不是真的有勒緊褲帶過日子。**想買什麼就買什**

麼、想吃什麼就吃什麼，就不能指望還會有多餘的錢剩下來。

如果你想累積資產成為有錢人，節儉不是選擇，而是一種必須。不管你賺得再多，毫無節制的消費，不就是在往無底洞裡倒水嗎？這就是為什麼，我說投資是次要，先做到節儉才是一切的基石。

想成功做到節儉的人，我想分享「七個省錢小技巧」。我會結合自身的經驗，逐一為各位做簡單的講解。

技巧 1：生活費
── 不要自行在外租屋

從開始工作後到結婚前，我一直都住在公司的宿舍。住在宿舍代表我沒有在外租屋，也不需要通勤時間。在我的認知裡：「在外租屋＝不必要的花費；通勤時間＝不必要的花費＋浪費時間」。所以我在找工作的時候，就已經把這些都考量進去，選擇有宿舍的公司。

這就是我省錢的門路，不管是爸媽家還是公司宿舍，當個寄生蟲才能快速存到一筆鉅款，這就是真理。看到那些明明可以住家裡、公司也有宿舍，卻選擇在外租屋的人，我真的很困惑。

我們公司也不是所有未婚員工都住在宿舍裡，很多人捨棄免費的宿舍，寧願花錢在外租房。原因都是宿舍沒有個人空間，沒有下班的感覺。

　　因為公司為在工業園區，距離繁華的商店街很遠，有些常喝酒的員工到市中心喝完酒要回宿舍時，反而要花更多的代駕跟計程車費，所以搬離宿舍。不過宿舍就在公司裡，對我來說反而是個優點，上下班只要花五分鐘，不需要浪費時間通勤，更重要的是，我認為比起一個女生在外租屋，住在公司裡反而更安全。

　　雖然自己租房子，招待朋友來家裡比較方便，也可以自己裝潢家裡。很多在外租房的朋友，就算要投入時間跟金錢，也更重視眼前的生活品質。所有的選擇都是一種機會成本，但我果斷的放棄這件事，因為我在意的是其他更重要的機會成本。從結果來說，只要我住在宿舍就能省下一大筆錢，我可以用這筆錢做很多其他的事情，「拼圖式環遊世界」就是其中的一件。

💰 技巧 2：治裝費
── 不買名牌、沒事不逛街

我很討厭名牌和奢侈品。我應該靠著自身發光發熱，拿什麼包包很重要嗎？「女人至少要有一個名牌包」這句話到底是誰發明的？很多人買的包，比自己一個月的薪水還貴；在我眼裡，月薪 300 萬韓元的人買超過 300 萬的包，就是一種奢侈，還不如把這些錢存下來，拿來買一間預售屋。我第一次買預售屋的時候，陽台外推的費用是 1,584 萬韓元，只能買到 3 個 500 萬韓元的名牌包。

有些人把購物當成一種習慣，下班後的日常是開箱堆在門前的包裹。**如果想省錢，就把那些該死的購物 APP 刪掉吧！**當你不斷滑動購物 APP 的畫面就會產生慾望，看到什麼就想買什麼。「見物生心」[7]，看到什麼就想擁有什麼是人之常情。

我甚至也會盡量避免「只是去逛逛」。**如果提早抵達約定的地點，我會去附近的書店，但不會去百貨公司**。如果隨意逛逛、不小心發現「啊，在打折耶！」又會不小心手滑。所以我

---

[7] 編注：건물생심，韓國成語，意指看到某樣東西後，突然心中產生想要擁有的慾望。

乾脆讓自己不要關注這些事情，不用每一季買衣服也沒關係，反正衣櫥裡的衣服已經夠滿了，不是嗎？光是我現有的衣服，就算2年都不逛街也夠我穿了。

💲 技巧 3：醫藥費
── 不要做傷害身體的行為

保持身體健康是最省錢的方法，醫藥費是不必要的支出。我非常重視健康管理，我不抽菸也不喝酒，抱持運動和健康的飲食習慣，盡可能睡眠充足。

25 歲的時候，我因為皮膚出了狀況去看中醫，才發現中藥跟診療費都很貴，後來就不吃對皮膚有害的麵粉製品了。我花錢去買麵粉食品，然後再花錢去皮膚科看病，我不懂這到底是哪門子邏輯？後來我的體質改變，皮膚問題也就痊癒了。

不知道什麼時候開始，我就戒酒了。有人問我：「不喝酒活著有什麼樂趣？」但對我來說，除了酒精以外，這世界上有趣的事多得是，我不需要仰賴酒精。再加上，我為什麼要花錢傷害自己的身體？乾脆把這些錢拿來當油錢出去旅行，反而更幸福。

我吃東西不狼吞虎嚥，而是細嚼慢嚥；盡量不吃會傷牙齒的食物，太大塊的食物，我也會盡量用剪刀剪碎後再吃。控管自己身體的健康、體力、免疫力是一切的根本，**生病不只會情緒低落，還很花錢，也讓人倍感疲憊，健康管理是最棒的理財方法**。

技巧 4：暴飲暴食費
── 不要吃宵夜

我幾乎不點外送，一年甚至連一次都沒點過。外送比自己煮貴太多了，而且會製造很多塑膠垃圾。Covid-19 過後，韓國的餐廳幾乎都可以接受外送，現代人甚至連一杯飲料都叫外送。大半夜也很常點宵夜來吃，不只花錢還很傷身。

吃宵夜也是一種習慣。我認識的一位姊姊，一個月甚至花超過 30 萬韓元吃宵夜，我當時在想，她只要戒掉點外賣的習慣，一年至少可以省下 400 萬韓元。飯後咖啡也是一種習慣。有些人是因為愛喝咖啡才喝，但很多人只是飯後習慣。最近有很多咖啡廳的售價甚至比飯錢還貴，如果把一天兩次減少成一天一次，也能省下一半的支出。

💲 技巧 5：智商稅
── 不要當盤子

最典型的例子就是，因為忘記取消，糊里糊塗就被自動扣款的各種訂閱費用。因為可以免費體驗一個月，訂閱了之後卻忘得一乾二淨，下個月又被扣款，因為覺得很麻煩就置之不理，然後又續扣。正因為有這些人，企業們才會進行這種釣魚優惠活動。把優惠結束的日期記在日曆上，不要忘記在到期的前一天取消訂閱。

💲 技巧 6：囤貨費
── 不要浪費空間囤放備品

有些人把自己家當成超市的倉庫，囤積庫存浪費空間。只要看到打折，毫不猶豫購買組合商品，或是買了 2+1、3+1 的商品囤在家裡，偏偏這些都還是體積不小的生活用品。你難道是為了囤這些東西，才買一間三十坪的公寓嗎？

占用空間也是極度的浪費，「庫存的浪費」是製造業的七大浪費之一，把貨物放在港口保管也要支付倉管費。從數學上

來說,多買幾個也許比較便宜,但有必要為此增加這個月的支出嗎?還不如拿來補貼這個月的預算吧。

💲 技巧 7:人工費
── 不需要所有事情都找人來做

不管是什麼,只要加了人工費用就會變貴。我捨不得花這筆錢,所以只要稍微了解就能自己完成的事情,我都盡量自己來。只要仔細觀察,你會發現,我們花錢請別人做的事情裡,有很多事情其實很簡單。雖然因為不懂而做不到,但只要稍微學習就能自己處理。

剛學會開車的時候,我都會到維修廠更換車子的冷氣濾芯。但其實只要上網買濾芯自己換,支出的金額就會從 4 萬韓元下降到 1 萬韓元,經歷過這件事之後,後來換濾芯理所當然成為了我的工作。我身邊還有人覺得去沙龍剪頭髮太浪費,都自己在家裡剪(是我的學妹,她總說:「反正頭髮長了,剪短不就行了嗎?」)。

正因為很懂省錢，才是有錢人

我們想像中的億萬富翁，總是住在高級住宅裡、有司機接送，似乎只過著奢華的生活，但事實並非如此。全球最大的傢俱業者 IKEA 的創辦人英格瓦・坎普拉（Ingvar Kamprad）是擁有 330 億美元的資產家，也是歐洲首富之一。但他開著 1993 年出產的 Volvo 老爺車將近 20 年，上班的時候搭公車，他唯一的奢侈是享用瑞典產的魚卵。

美國的億萬富翁，Meta 的 CEO 馬克・祖克柏（Mark Zuckerberg）平常總穿著千篇一律的 T 恤和牛仔褲，也只開小型車和中型車。祖克柏夫妻去羅馬蜜月旅行時，被拍到他們穿著三線拖鞋，在麥當勞買完午餐之後，就坐在附近的階梯上享用，而當時祖克柏已經是世界排名第五的富豪了。

你們知道「Scottish」這個英文單字，為什麼意指「小氣鬼」嗎？在美國社會裡，蘇格蘭人成為百萬富翁的比例，遠高於身為主要人種的英格蘭人（居住在美國的蘇格蘭人，每 5 人之中就有 1 人是百萬富翁）。蘇格蘭人以勤儉持家聞名，勤儉就是致富的祕訣。

就像有紀律的運動可以改變身體健康一樣，有紀律的節儉

習慣，也會改變你的人生。很多有錢人都遵守著這個平凡無奇的紀律，成為當代的有錢人，即便成為有錢人之後，他們也依然遵守著這個原則。如果你想成為有錢人，就開始過節儉的生活吧。

> **阿婆姐姐的真心話**
>
> 有紀律的省錢，可以改變你的人生；
> 有錢人不只是因為賺得很多才有錢，
> 而是他們同時懂得別花沒必要的錢。

許多「根本不用花」的錢

我們因為各種理由花錢：需要時、有想買的東西時、不得已時，也會在意料之外的情況下花錢；**問題出在那些沒有理由、「因為想花而花」的情況。**有些人說：「花錢是最棒的紓壓！」但仔細探究下來會發現，大韓民國上班族的薪水有一半都花在紓壓。

怎麼可以那麼輕易就花掉我們流血流汗，辛辛苦苦賺來的錢？對我來說，花錢是一種壓力。當你沉浸在節儉的生活裡，你會變得討厭購物，因為每當結帳的時候，都會感覺自己好像變窮了一些。還沒領悟錢有多珍貴的人，才會說節儉很難。節儉很痛苦？要我把珍貴的錢花出去才更痛苦吧！

我思考過為什麼人們沒辦法成功節儉，最主要的原因是他們還不懂錢有多珍貴。當你覺得錢很珍貴，自然就不願意花錢，正因為他們強迫自己「應該節儉」、「不應該花錢」（想花但是強迫自己壓抑慾望），所以才會覺得辛苦，才無法實踐節儉這件事。

　　所以我仔細思考了一下，我最捨不得在什麼地方上花錢。以下我會提出在日常生活中，覺得錢花得最不值得的幾個例子。

💲 不值得的消費 1：花錢去上不想聽的課

　　繳了昂貴的學費，註冊後卻不去上課。據說，每年到了一月，香菸的銷量都會減少、語言類書籍的銷量會增加、健身房的使用者也會增加，新的一年裡大家都很積極，下定決心要戒菸、學英文和運動。但是相關的數據到二～三月就會降低。

　　事實上，很少人能一年到頭維持積極的態度。一口氣輕易繳出數十萬甚至數百萬韓元，到最後這些健身課和英文線上課程的費用，不是原封不動進了企業主的口袋（而且新年的活動價通常最貴），要不然就是變成二手網站上，標題寫著「轉讓」的貼文。

所以說，大多數人當初是抱持著什麼心態報名的呢？他們覺得自己如果不花錢就不會去做，所以才花了這筆錢——**「花錢我就會去運動了」、「花錢我就會去讀書了」，用金錢來彌補自己脆弱的意志力**。只要有心、不用花錢也能做到的事情，卻用這種方式撒錢是最不值得的。反正沒有做好心理準備的人，不管花什麼錢也依然不會去做。

像是運動這種事情，不用花錢、在哪都能做。你可以出去走路、跑步、吊單槓，也可以去爬山。時機對了，還可以感受季節交替，與大自然一起共舞。所有的一切，都是意志力的問題。

語言學習也一樣，「我應該要學英文！」有一些人成天光是用嘴巴說要學英文，說的時間比實際做的時間還長；有這種時間，不如直接去搜尋免費學習的方法吧。光是在 YouTube 上就有很多高水準的教學影片了；只要使用 EBS（韓國教育廣播公司），按照語言和程度分類，就可以聽一整天的課了。

ⓢ 不值得的消費 2：只要事前做好準備就不用花的錢

有時候，我們會因為沒事先做好準備，而支出不必要的花

費。像是沒有先確認天氣預報，出門後突然下雨，因此買了便利商店的塑膠傘、因為（約會、上班、上課）遲到而搭了計程車，這些都是計畫外的支出。

有次我的友人打算去外地參加朋友的婚禮，但她因為前一天喝酒，太晚才起床，衣著單薄、慌慌張張的出門了，結果因為天氣太冷，才在高速巴士站的 Outlet 急忙買了一件昂貴的外套──這是我親眼目睹的真實狀況。

這是她沒有做好自我管理，準備不周而導致的不必要支出。如果有計畫的調整好狀態，早起並預留充足的時間做準備，就不會發生這些事情。同樣的錢，改天去逛街的時候，也許能買到更喜愛、更合身的衣服。

人在「焦慮的時候」最容易消費，當你看到電視購物跳出「即將售罄」，擔心錯失良機，急急忙忙撥打電話訂購，也是出自於焦慮。所以在時間緊迫的狀況下，最好不要消費，因為你有很高的機率做出不明智的選擇。

超速罰單也屬於這一類。如果提早出門就可以慢慢出發，就是因為遲到心急，所以才會超速。超速、闖紅燈這種在大街上撒錢的行為，是最浪費的。

買來之後放到壞掉的食物也一樣，買菜之前應該先確認冰

箱裡有什麼菜，正因為沒有做到這件事才會一買再買，冰箱裡的食物吃不完，最後才又壞掉。丟廚餘也是在丟錢啊！

我捨不得在外面花錢買水喝，所以（特別是去旅行的時候）一定會隨身攜帶水瓶，裝滿家裡的水帶出門。水喝完之後，到休息站或美食廣場之類有飲水機的地方再把水裝滿，渴的時候再喝。如此一來，哪怕只是1,000韓元也不用花錢去買水喝，也不會因為口渴跑去咖啡廳花錢買價格昂貴的飲品。跟老公去美國蜜月旅行的時候，靠著這個「水瓶小技巧」省了不少買飲料的花費。特別是國外，很多餐廳都不提供免費的飲用水，水瓶真的是不可或缺的小幫手。

不值得的消費3：戀人之間互相贈送、貴得離譜的禮物

談戀愛的時候，每當男友買昂貴的禮物給我，我都覺得很浪費。剛開始交往，彼此還不太了解的時候，男友（現任老公）曾經送我一條昂貴的圍巾當作聖誕節禮物。一條圍巾竟然要價超過20萬韓元，嚇了一大跳。我連要買2萬韓元的圍巾都要想很久了，這條竟然要20萬？！

我雖然不認識這個品牌，但這條圍巾只不過就是有個跟手指甲一樣小的狐狸 LOGO 在上面而已。雖然收到禮物應該先感謝對方才對，但我還是忍不住唸了男友一頓，我說我不需要這麼貴的圍巾，叫他以後別再買了。住在釜山這個溫暖的城市，戴圍巾的日子其實根本沒幾天。

　　後來，他送了 1 股我夢寐以求的 IVV（在美國市場上市的 ETF）當作生日禮物，當時 1 股要價 369 美元，但現在（2024 年 6 月）已經漲到 545 美元了。隨著日子一天天過去，我們兩個人未來的資產只會愈來愈多。

　　上班族送戀人這麼昂貴的禮物，根本沒有道理；要花一個月的薪水買禮物送給對方，根本說不過去。彼此都知道彼此的薪水有多少，為了買這份禮物，對方要忍著不能買自己想買的東西、不能吃想吃的東西，這種禮物怎麼能收呢？戀愛關係裡，要求對方買禮物給自己的人有問題，送禮的人也有問題。**不要勉強自己送昂貴的禮物給另一半……不對，是不要和收到這種禮物會覺得開心的人交往。**

　　如果你的另一半要求你送他名牌，你就要意識到「他想拖著你一起走進貧窮的煉獄裡」，果斷整理掉這段關係吧！如果他想和你共創未來，就不會要求你買名牌、送昂貴的禮物給自己。

反之亦然。如果你沒要求過對方,但他卻買了能力範圍以外、價格高昂的禮物,就告訴他你不需要。收到昂貴的禮物後,你能坐視不管嗎?收下的話,下次你也得送一樣昂貴的禮物給他,你們將陷入彼此互送高額禮物的惡性循環裡,一起牽手邁向貧窮之路。

💲 不值得的消費 4:花錢買彩券

買彩券是這世界上最不值得的消費,我這輩子從來沒有自己花錢買過彩券。除非過世的爺爺奶奶出現在我的夢裡,隱隱約約透露出七個數字,否則我這輩子都不打算買彩券。

不要再買彩券了,為期一週的幸福?反正你又不會中獎,幸福個屁。如果你的命格會中獎,你早就已經中獎了。我身邊的人都揚言自己是買好玩的,但又每個禮拜都跑去買。你又不是什麼捐款小天使,還不如把這麼多年來買彩券的錢,拿去做投資。

富人和窮人,你覺得誰比較常買彩券?窮人更常買彩券。據說在美國,手上連 400 美元生活費都沒有的人,每個月會花 400 美元買彩券。竟然為了中獎機率只有十萬分之一的彩券,

每個月都花錢。靠自己的努力成功賺錢的機率，遠遠高於彩券中獎的機率。

・・・

想成功實踐節儉生活，就必須要讓自己覺得有許多的消費都是「不值得」的。讓我們一起珍惜每一分一毫，把錢花在真正有需要的地方，成為一位懂得儲蓄和投資的有錢人吧。

不花大錢也有質感的約會建議

「為了省錢,連戀愛都不能談了嗎?」

這是剛下定決心開始要存錢的年輕人,常常有的煩惱。想和剛認識的對象開始交往,但又因為擔心花費而佇足不前;又或是在一段交往已久的關係中,隨著約會的花費愈來愈高,漸漸成了一種負擔。

想同時兼顧麵包和愛情,其實是有方法的。讓曾經身為「零花費約會」高手的我,來分享幾個可以約會又可以省錢的小祕訣。我要說的不是什麼「辦情侶帳戶」這種老套的建議,也不是什麼男女 AA 制之類有爭議的方式,這些方法對節省約會開銷都沒什麼幫助。

雙方都應該抱持著「我的錢是我的錢、你的錢是你的錢」的想法，努力壓低約會的費用。如果老是斤斤計較「我這次出這麼多，下次你也要出這麼多！」你們只會隨著約會的次數愈多，花的錢就愈多，然後一起變得愈來愈窮。

　　你們應該要減少每次見面都要花錢的約會方式，先從改變約會的地點開始。如果經常在市中心約會很難不花錢，在鬧區通常就是吃飯、喝咖啡、逛街、看電影，然後再去吃晚餐，深夜還會去喝個酒。一天花個 10 萬韓元根本不稀奇，而且在市中心約會，常常會有計畫以外的支出，像是百貨公司、購物中心、美妝店、小物店……等等，逛著逛著錢包就打開了。

　　我跟老公還在談戀愛的時候，我住在釜山，但我們幾乎沒有在西面（釜山最繁華的商店街）約會過（一年大概只有 1、2 次）。錢雖然重要，但更重要的是，在市區約會總感覺少了點什麼，與其說很花錢，倒不如說是沒什麼記憶點。約會完根本回想不起來「我們那天做了什麼？」沒什麼特別深刻的回憶。因此，我們享受的是下列這種約會方式。

💲 麵包與愛情兼得的約會 1：運動

兩個人一起去運動，就算整天都待在一起，除了飯錢以外，也不會有別的開銷。回到家之後，還會有莫名的滿足感，覺得自己變健康了。例如約好一起騎腳踏車的時候，我們會一起花 1,000 韓元在市區租借共享腳踏車，沿著美好風光騎 40～50 公里（我們總是沿著洛東江的自行車道，從梁山的勿禁站一路騎到密陽的三浪津站）。

週末的時候，則常常一起去爬山。山上不用收門票，吃東西的話，只要從家裡帶點水、水果和飯捲就可以了，就算出門玩一整天也很難花到 2 萬韓元，山上也根本沒地方花錢。

「爬山當約會不太合適吧？」「怎麼可以讓對方看到自己汗流浹背的樣子！」有些人可能會這麼說。約會怎麼可能永遠乾乾淨淨、漂漂亮亮？一起流汗、一起運動，再一起吃點好吃的，多充實、多親密啊！

打羽毛球也很不錯。去其他城市旅遊的時候，我們還會抓緊空檔一起到廣場或公園打羽毛球；既有趣又能活絡筋骨，很適合在吃飯前運動幫助消化。羽毛球拍和羽毛球很輕巧，帶在身上也不覺得重。比起坐在人聲鼎沸的咖啡廳裡聊天，我更

喜歡一起運動後，坐下來休息，在彼此耳邊輕聲細語的談心裡話，這種對話反而更加真誠。

💲 麵包與愛情兼得的約會 2：博物館

當天氣不適合戶外運動的時候，博物館是最佳的選擇。博物館冬暖夏涼，在舒適的室內空間，不只可以免費約會，還是增加素養的好方法。

有次，我們跟朋友約好晚上在蔚山見面。那天我們倆提前見面，在看著地圖想著要去哪裡的時候，發現蔚州郡溫陽邑（位於蔚山廣域市）有一個甕器村。寧靜的小村莊裡，集結了許多從事甕器工藝、經營甕器工坊的人家，而且還有一間甕器博物館。

博物館不收入場費，室內外的空間非常寬廣舒適，有很多地方可以逛逛。小村莊清幽又整潔，整體氛圍很療癒。走出博物館沒多遠，還有一間民俗博物館同樣也不收門票，不僅展覽著豐富的民俗文物，還有很多小朋友可以體驗的活動。

逛完後肚子覺得有點餓，我們在一間名為「甕器庄」的鄉村小餐館吃了泥鰍湯、韭菜煎餅和宴會麵（這一餐只付了 2 萬

韓元，吃到肚子快撐爆）。為了消化一下，我們走著走著看到文化公園和體育公園，就在公園裡迅速鋪好野餐墊，待了好一陣子。

公園裡有一個超棒的設施——「涼亭」，鄉下只要風景好的地方就會有涼亭和八角亭。我們兩個人不太會去咖啡廳，不論是上山還是下海，或是去哪裡玩，只要路過看到涼亭或八角亭，我們都會鋪好野餐墊，坐下來休息（車上永遠都會備著野餐墊）。在風景如畫的地方，一起在涼亭吹著風，聽著喜歡音樂、看書度過美好的時光。

只要有一張野餐墊，不論是哪裡，都能成為風景優美的咖啡廳，沒有必要去付錢買位置、規定一人低銷一杯飲料的咖啡廳。或許正因為我們喜歡去近郊的小城市或恬靜的鄉下走走，才漸漸遠離了在市中心約會的模式。同樣相處一整天，這樣的行程不只比在市區更悠閒，也少了不必要的開銷。

⑤ 麵包與愛情兼得的約會 3：圖書館

在圖書館裡，可以一整天盡情地免費閱讀想看的書，也可以認真學習。不僅如此，還能報名參加跟書有關的講座或各種

有益的活動，從作者講座、人文學課程，乃至於為父母和孩子量身打造的讀書計畫，應有盡有。

每個地方都有市立圖書館、郡立圖書館等等公共圖書館，有些人常常去，但也有些人從來都沒去過。不論是平日或週末，圖書館都會為市民舉辦教育、文化等豐富多樣的活動，很多人不知道這些訊息，所以從沒參加過。

2020年底開幕的釜山圖書館，簡直媲美會議中心，不論是主題空間、各種附屬設施都完善，但釜山居民依然還是有很多人不知道這個地方。其實，愈是小城市、小社區的圖書館，人煙就愈是稀少也愈不擁擠，非常不錯。我現在也正在東萊邑城圖書館寫這篇文章，這裡規模雖然不大，但必要的設施一應俱全，感覺經營得很好。重點是它位在東萊邑城，這裡周遭環境很寧靜，氣氛真的很棒。

跟老公的戀愛時期，我們週末幾乎都在圖書館約會。老公在準備考證照的時候，我們都是早上到圖書館，各自埋首在自己的事情裡直到傍晚，晚上再一起吃頓美食，既滿足又幸福。現在，我們已經結婚了，週末也還是很常去圖書館。他還跟我約好，以後要搬到圖書館附近。

💲 一起攜手成長的關係

可以免費約會的方法有很多種,所以別再繼續花大錢約會了,也不要再繼續只是無所事事的約會,不如一起出門運動,一邊享受特別的時光,一邊還能省下約會的費用。運動約會可以建立起深厚的情誼、鄉村約會可以累積豐富精彩的回憶、博物館或圖書館約會可以累積知識,讓我們一起從消費生活轉變成健康生活吧。

更重要的是,想建立一起攜手成長的關係,要找到對的人。坦白說,**想要節省約會的開銷,最好的方法就是找到金錢觀念和你契合的人。**重點不在是非對錯,而是彼此的想法要能互相理解,才能夠不被花費所困擾,共度開心的時光(花值得的費用,度過值得的時光)。

講坦白一點,如果你覺得現在的另一半,價值觀實在跟你合不來,儘早在初期結束這段關係也是一種選擇。兩個人的方向如果不同就很難走在一起,想一起走下去,兩個人必須要有相同的目標。如果你們彼此背道而馳,又怎麼可能走在同一條路上呢?

第二階段

儲蓄

儲蓄也是有技巧的。
接下來我要分享的是,存種子基金時重要的三個原則,
以及穩穩存下每一筆小錢的帳戶管理法。

儲蓄比投資更重要

　　正如前述，理財的過程是「省錢⟷存錢⟷投資，不斷重複循環。很多人都想直接跳過儲蓄立刻開始投資，這是新手常犯的錯誤。投資不能用小錢，要用大錢來投，也就是說，投資之前，我們必須先存到一筆種子基金。

　　如果想儘快開始投資，那就儘快存到種子基金。想儘快存到種子基金，你必須遵守三個原則（我根據自己的經驗總結出來的原則）。我敢保證，只要從今天起遵守這三大原則，儲蓄率一定會直線上升。

💰 原則 1：跟金錢觀念相仿的人一起努力

最好選擇價值觀相近的人一起相處，尤其是金錢觀。如果跟金錢觀不同的人一起生活，你再怎麼努力規劃，計畫還是會持續被打亂。舉例來說，為了存到第一桶金，你下定決心要節儉度日，但你身邊卻有一個每天都在邀你一起去喝酒的朋友，結果會怎麼樣？你不可能存得到錢。喝酒就是一種過度消費，光外食就要花錢了，再加上酒錢的話，根本是花錢如流水。不管再怎麼節省，整體消費結構就是不對。

所以說，我們必須要先打造出良好的環境。**如果你已經下定決心要存錢了，就要營造出一個能讓你省錢的環境。**家人跟配偶雖然不能隨意更換，但你可以調整跟朋友之間的關係，不用絕交，只是可以暫時保持距離。

以我為例，我跟朋友一起出門聚餐或旅行的時候，因為彼此的消費方式很契合，所以很輕鬆。我們在結帳之前，都會先幫彼此留意有沒有什麼折扣可以用。不過有些人會覺得這種事很麻煩，直接結帳就好了；或是很在意他人的眼光，覺得這樣很沒面子。這種把面子看得比錢還重要的人，跟我的價值觀完全不同，我一向認為乾脆不要來往更好。

💲 原則 2：不要花錢取悅他人的眼光

消費的時候，要先考慮「性價比」，而不是「心理滿足感」。性價比考慮的是價格與性能是否相符，心理滿足強調的則是自我滿足。簡單來說，自我滿足感就是只要我能感到滿足，花再多的錢都願意。

自我滿足感導向的消費，大多是為了取悅他人的眼光。目的是上傳到 IG 之類的社群，藉由向他人炫耀獲得自我滿足。各位要記得一件事，**我們所做的消費中，只要不是花錢取悅他人的眼光，就可以減少一半的支出**。將來要花錢之前，先捫心自問，這筆開銷真的有必要嗎？是最低限度的消費嗎？還是出自於想秀給別人看的心態呢？

有一本書可以降低這類型的消費欲望，具本亨（구본형，音譯）的著作《爸爸留給女兒的智慧》裡寫道：

「不要為了名牌包開心，要為你腦海裡充滿知識而感到喜悅。真正讓人敬佩的是你的學識與教養，而不是包包的品牌。」

「有一次，我們去參加一場聚會。那裡的人們開始炫耀起自己的名牌包和飾品。我們也禮貌的附和了幾句⋯⋯（中間省略）。

爸爸仰慕的不是那些拿著名牌的人，而是比我們更有學識的人，因為名牌想買隨時都能買，但豐富的知識卻需要投入時間和熱情。」

原則 3：與其跟風，不如做自己

不要太在意流行。不管社群媒體再怎麼鼓吹流行、助長消費，除了職業需求以外，都應該對這些資訊心如止水（不包括透過社群媒體賺錢的人），最好的方法是乾脆不要看。我個人就是完全不接觸，對於流行趨勢不感興趣，也不會被「現在社會流行什麼就非得跟著做」的隱形壓力所影響。

別管什麼流行了，活出自己的樣子吧。與其跟著流行買衣服，不如買適合自己風格的衣服。買那些不適合自己體型和風格的衣服，就只為了追趕流行，簡直太傻了，難道你要一輩子追著潮流跑？

害怕自己跟不上流行就會出大事嗎？不用擔心。美國超級富豪的共通點之一就是「對流行漠不關心」。百萬富翁都有長期的財富累積計畫，他們所有的生活習慣都圍繞著自己設定好的目標。

他們自然也不在意什麼流行趨勢,「炫富」和「小確幸」對他們來說沒有意義。據說 97％的百萬富翁都能夠達成他們設定的目標,為什麼?因為他們不會浪費時間在意那些無謂的事情,只專注在自己的目標上,怎麼可能不會成功呢?

・・・

總而言之,關於存錢這件事,職業是什麼並不重要,賺多少錢也不重要,更重要的是你跟什麼樣的人來往、有什麼樣的消費方式,以及你在意的是什麼,這才是根本所在。如果無法遵守上述這三點原則,卻大放厥詞想要存錢,根本就是無稽之談;如果你的目標是存錢,就專注在這個目標上吧!

別讓薪水光是躺在薪轉戶裡

有些人會把流血流汗賺來的薪水，就這樣擺在銀行戶頭裡。領到薪水後，讓帳戶自動扣繳，剩下的錢繼續放在薪轉戶裡。薪轉戶通常都是一般的活期存款帳戶，幾乎沒什麼利息，雖然是我們主要往來的銀行，但它非但不會給我們利息，還會拿我們的錢去借給別人。

收入、支出、投資──
準備 3 種不同用途的帳戶

上班族們無意識下放任不理的薪水，加總起來其實是一大

筆錢。例如，規模龐大、員工超過千人以上的大公司，只要每個員工薪資戶裡平均放有 50 萬韓元，一千個人就會有 5 億韓元，如果存款額是 100 萬的話，就整整有 10 億韓元！把錢擺在薪轉戶，等於是在免費借錢給銀行。

想要聰明理財，首先要「拆分帳戶」；至於該怎麼拆分，只要按照用途分類就行了。有些人會建議可以拆成 6、7 個帳戶，但這麼做會增加管理的負擔，不建議理財新手這麼做。

各位可以簡單的區分成「薪資帳戶、零用金帳戶、投資帳戶」以上三個，把「收入、支出、投資」的帳戶區分開來就好。以我為例，薪水入帳當天就會立刻把所有資金都轉到投資帳戶裡，需要生活費的時候，再從投資帳戶裡轉 10 萬或 20 萬韓元到零用金帳戶裡。零用金帳戶會申辦消費金融卡，但我不使用信用卡。管理費、電信費等每個月支出的固定費用，都會從投資帳戶裡自動扣繳。

錢放一天、就多一天利息的帳戶

投資帳戶，顧名思義是「待投資帳戶」，用來存放即將投入各種金融商品或不動產的資金。有個方法能夠讓這些錢在待

機的同時，依然可以領到利息，這個祕訣就是使用高利活儲帳戶[8]。在申辦投資帳戶的時候，我會特別挑選這種帳戶。

高利活儲帳戶的存款跟薪轉戶一樣，隨時可以存入和領出，但是它的利息以單日計算，而且利率高於一般存款。在韓國，高利活儲帳戶被稱為「停車帳戶」，原因是人們會把閒錢或待投資的資金暫時「停放」在這裡，所以才有了這個稱謂，絕不讓錢有機會躺著耍廢。

當你的定存到期的時候，帳戶會進來一大筆錢，幾千萬韓元的資金，如果沒有立刻要投資又覺得擺著可惜，**想稍微賺點錢的話，只要放進停車帳戶，就算只放一天，也能賺到一天的利息。**

我們存的資金不到數十億韓元，利息雖然不多，但有個幾萬塊韓元的進帳也很不錯。有些人會覺得這點小錢根本不值得在意，不過我現在使用的停車帳戶年利率是 3.2%，但比我薪轉戶（年利率 0.1%）的利率高出 32 倍。

每個月看到利息進帳，心情都特別好，我甚至還會在記帳

---

[8] 編注：台灣目前除了一般銀行帳戶最高利率 4%外，部分銀行也針對數位新戶給予專屬的高利率（活動期間 2～10%），鼓勵民眾申辦。也有許多網銀推出活存限額高利率的活動，可以多加利用。

本的「額外收入」裡寫下「利息收入」，然後期待著下一個月又會有多少錢進帳。正因如此，我愈來愈想多存一點錢在停車帳戶裡，每當我要匯錢進去零用金帳戶時，心裡都覺得有點可惜，久而久之，自然就開始減少支出，存錢這件事也漸漸變得愈來愈有趣了。如果你也想沉醉在儲蓄的樂趣裡，就別再讓你的閒錢、緊急備用金、待投資款項一直躺在薪轉戶裡了，快把它們放進高利活儲帳戶裡吧！

有一筆暫時沒用到的閒錢

如果你有一大筆資金，但還沒擬好投資方向，或是幾個月後才會動用到這筆錢，因此出現一段空窗期的話，「短期定存」是最好的選擇。短期定存可以短期存放，又能享受利息的優惠；長期定存通常以 12 個月或 24 個月為一期，但近期銀行推出了「超短期定存」，能夠以 1 個月為單位領取利息，用錢滾錢。也可以按照你的需求，設定成 3 個月或 6 個月。

定期存款[9]跟隨時可以存領的高利活儲帳戶不同（雖然緊

---

[9] 編注：定期存款也有提供外幣的定期存款。使用數位帳戶者，可自行開立定存，期別為一個月至三年，也可自行輸入到期日。

急的時候還是可以賠一點利息,提早解約),原則上不能隨時提領。不過高利活儲帳戶採用浮動利率,如果銀行下調利率,就會立刻反應,反之,定存在到期日之前,都適用於一開始約定好的利率。短期定存雖然不能長期存放,但如果你有一筆一、兩個月內確定不會動用的資金,就很適合使用短期定存。

> **阿婆姐姐的真心話**
>
> 存得了錢的三個原則,共同點就是「堅定自己的目標」:決定和理財觀念不合的人拉開距離、不為了討好他人或跟風而花錢。

第三階段

投資

不要害怕用投資錢滾錢,但也不要太過心急。
不要貪圖「一夜致富」,
專注於打造出一輩子穩健的資產。

用退休金帳戶下單 ETF

「趁我還好聲好氣的時候,把你們的身分證給我掏出來喔!」

朋友們在猶豫要不要開退休金帳戶[10]的時候,我搬出了這句話。那天我們一起去民宿玩,大家聚在一起煮晚餐,聊到了年度報稅時各自補繳多少稅金。我才知道,除了我以外的其他四位友人,都沒有在做年金儲蓄。

面對我突如其來的一句話,他們都還是感謝地露出笑容、拿出了身分證。就這樣,我們放下手邊的晚餐,雖然有點莫名

---

[10] 譯注:韓國特有的退休金制度,享有稅賦優惠,可自行投資金融產品,但不可提前領出。

其妙，但大家還是圍成一圈坐在地板上，開始下載證券公司的 APP 進行遠端開戶。在我的帶領下，從開戶到購買商品，一步步教他們。就這樣，我這幾位朋友在年度報稅的時候，也一起加入了退稅的行列。

經由這次的經驗，我才發現原來有很多上班族，不知道年金儲蓄可以抵稅，所以我用當初教朋友們開戶的方式，拍攝一部影片上傳到 YouTube，影片標題是《一起跟著做，開設年金儲蓄基金帳戶超簡單》，點擊率高達 48 萬，應該是幫助到了不少想開始進行年金儲蓄、但不知道從何著手的人吧？想到這裡，我就倍感欣慰。

💲 節稅是理財的第一步！從年度報稅開始做起！

年度報稅對上班族來說，是每年的例行公事，與自營業者不同，不需要自行申報薪資所得相關的稅金（所得稅），因為我們每個月的薪水都會被預扣代繳，等一年結束後再向國稅廳做一次總結算。預扣的稅金會被拿來和你該年度的支出、所得等資料做比對，如果多繳就會退還[11]，少繳就必須補稅。

翻轉衝動消費的漏財習慣

年金儲蓄帳戶 & IRP 免稅額

總薪資 （綜合所得）	5,500 萬韓元以下 （4,500 萬韓元以下）	5,500 萬韓元以上 （4,500 萬韓元以上）
免稅額	年金儲蓄帳戶 600 萬韓元 / IRP 900 萬韓元 （年金儲蓄帳戶＋IRP 最高 900 萬韓元） IRP 900 萬韓元 年金儲蓄帳戶 600 萬韓元	
抵減率 （包含地方所得稅）	16.5%	13.2%
抵減率 （以 900 萬韓元計算）	1,485,000 韓元	1,188,000 韓元

11 編注：台灣《稅捐稽徵法》規定若納稅人因適用法令錯誤、事實認定有誤、計算錯誤或其他原因導致多繳稅款，可自繳納日起十年內提出具體證明申請退稅；但若是政府出錯導致多課稅，請求權時效延長至 15 年。

善用年金帳戶增加免稅額，是個節稅的方法，也是增加年度報稅扣除額最簡單的方法。所以對有在進行節稅理財的上班族而言，利用年金儲蓄帳戶和 IRP（個人退休帳戶）是一種基本技能。每到 12 月，大家都急急忙忙要繳年金，目的就是為了拿到第 13 個月的薪水（退稅）。

　　年金儲蓄帳戶和 IRP 的免稅額，從 2023 年起開始調漲。原本 50 歲以下最多只有 700 萬韓元的免稅額，50 歲以上才能享有 900 萬韓元的免稅額，但現在不分年齡與所得高低，人人最高都可以拿到 900 萬韓元的免稅額（年金儲蓄帳戶與 IRP 搭配使用，每年最高可享 900 萬韓元的免稅額）。退稅的時候，年薪 5,500 萬韓元以下可享 16.5％，以上可享 13.2％的抵減率。所以如果把 900 萬韓元的稅金繳好繳滿，根據所得情況，可以拿到 148 萬 5 千韓元或是 118 萬 8 千韓元的退稅[12]。

---

[12] 編注：台灣所得稅除了有免稅額（1 人 97,000 元），還有薪資所得特別扣除額（1 人 218,000 元），另外標準扣除額（1 人 131,000 元）和列舉扣除額為二選一；簡單來說，若一位單身者，沒有扶養任何親屬，用標準扣除額的話，年薪 446,000 元以下可免繳所得稅。
此外，類似文中所說「善用年金帳戶增加免稅額」的部分，所得稅的特別扣除額項目中包含「投資特別扣除額」，額度為 1 人 27 萬元。
參考資料：https://www.gov.tw/News_Content_26_534742

💰 我最強的武器：退休金 ETF

年金儲蓄帳戶不只是節稅工具，也是 2030 世代最容易入門的退休理財工具。只要每年坐領退稅，就能在不知不覺間累積退休資產。年金儲蓄帳戶可以購買定存、債券、基金等各式各樣的金融商品，其中我最推薦的當然就是「退休金 ETF」（利用年金儲蓄帳戶購買的 ETF）了。

ETF 意指「指數型基金」，是「Exchange Traded Fund」的縮寫，是股價會根據某個特定「指數」上下波動的金融商品。舉個代表性的例子，「S&P 500」是美國股市最具代表性的指數，是由國際信用評級機構 S&P（Standard and Poors）遴選的 500 家優良企業市值加權而成的指數。所以購買追蹤 S&P 500 指數的 ETF，代表你投資了美國市場上表現最優良的 500 家企業。

簡單來說，ETF 就是一種套裝商品，如果 Apple、輝達、Google、Amazon、Meta、特斯拉，以上每一檔個股你都想買的話，ETF 就是為了經濟條件不足的人，把上述每檔股票按照一定比例（％）組合起來上市後，讓投資人能以「1 股」為單位買進的投資組合商品。

舉例來說，為了讓投資人可以透過韓國的年金帳戶進行操

作，美國的 S&P 500 ETF 也有在韓國的證券市場上市，投資人也可以透過市面上所有的券商平台上購買。由於市場指數長期來看，都會呈現上漲趨勢，所以只要在年金帳戶裡，勤勞的定期買入 ETF，就能夠迎來不用為錢煩惱的晚年（關於美國的 ETF，我會在後面的章節再進一步做說明）。

拜託了，千萬別放著退休金不管

對於上班族來說，退休金制度是非常有用的退休理財工具。你可知道，在同一家公司、同工作年資的同事之間，退休的時候，退休金竟然可以相差高達上億韓元。

關鍵就取決於這段時間你如何管理自己的退休金，很多上班族根本不知道自己的退休金被放在哪裡，是怎麼積累起來的，他們甚至連退休金的制度都搞不清楚。說真的，怎麼能在公司上班，卻對自己的退休金漠不關心？

首先，你必須先了解什麼是退休金制度。以前我們都統稱為退休金，但近年來我們之所以改稱為「年金」，是因為退休金可以「一次請領」，也能以「年金」的方式領取，所以才會統一改稱為年金。韓國上班族只要每工作一年，每年就必須提

撥相當於一個月薪水的年金。**所以工作生涯愈長，尤其是法定年齡才退休的人，退休金的金額會非常可觀，甚至可能會成為個人最重要的退休金來源。**

過去只能一次請領的年代，很多終其一生只領薪水的上班族，第一次拿到這麼一大筆錢，因為毫無頭緒，四處亂花，結果一下子就敗光了所有退休金。韓國政府為了讓人民的退休生活獲得保障，才導入了退休金制度，年滿55歲以後就可以依照自己希望的金額，按月請領退休金。雖然人民還是可以選擇一次性請領，但是韓國政府會提供按月領取的人30～40％的退休金所得稅免稅額，吸引人民選擇按月領取。

韓國的退休金制度，依照管理方式不同，分為確定給付制（Defined Benefit，DB型）和確定提撥制（Defined Contribution，DC型）。如果你的公司有導入退休金制度，你應該要了解自己的退休金隸屬於哪一種制度。如果公司開放讓員工自行選擇，你應該去了解哪一種對自己更有利，做出相應的選擇。

不管是DB型或是DC型，錢都會交由銀行、保險公司、證券公司等金融機構保管，而不是由公司直接管理。差別在於，如果管理決策是由公司直接下達，那就屬於DB型，如果是由勞工自行決定，就是DC型。

一眼看懂退休金制度

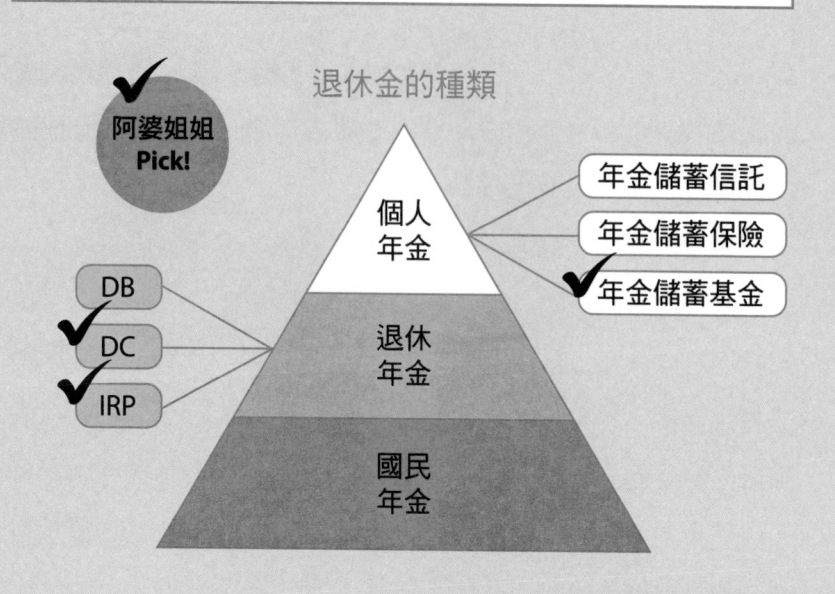

退休金的種類

阿婆姐姐 Pick! ✓

- 個人年金 → 年金儲蓄信託 / 年金儲蓄保險 / ✓年金儲蓄基金
- 退休年金 ← ✓DB / ✓DC / ✓IRP
- 國民年金

年金理財順序

① DB/DC

上班族應該最先留意自動累積的退休年金,因為它是最容易取得的資產。如果可以的話,建議選擇 DC 型,自行投資。

② 年金儲蓄基金

年金儲蓄屬於「個人年金」,可以 100％ 購買 ETF,投資選擇的範圍較廣。

③ IRP

IRP 是「退休年金」,由於 ETF 被歸類為風險資產,所以 IRP 最高只能購買 70％ 的 ETF。可以先存滿年金儲蓄基金後,再存 IRP。

類型			注意事項
國民年金			・上班族皆屬強制加入（公司與員工各負擔一半） ・從薪資中自動扣繳，不需額外操心
退休年金	從薪資自動扣繳	DB （確定給付制）	・由公司投資管理 ・退休時由公司發放 ・退休前 3 個月平均薪資 x 工作年資＝可領取之退休金金額
		DC （確定提撥制）	・自行投資管理 ・退休金取決於自行投資的績效 ・公司會於每年（季）結算退休金後，匯入 DC 帳戶。
	自行額外提撥	IRP （個人退休年金）	・有所得者皆可申請加入 ・可在銀行或證券公司等機構申辦開戶，推薦購買由券商營運的 ETF
個人年金	自行額外提撥	年金儲蓄信託	・於銀行申辦
		年金儲蓄保險	・於保險公司申辦
		年金儲蓄基金	・於證券公司申辦 －需準備：手機、身分證 －安裝 APP 後申辦年金帳戶→會款至該帳戶→買進 ETF 即可 ・可自行決定存款金額與欲購買之金融商品 ・ETF 商品範例 －TIGER 美國 S&P 500、KODEX 美國納斯達克 100（H）ACE 美國高股息道瓊

舉個例子。假如公司下達指示,要求「阿婆投資證券這家金融公司,把金課長的退休金投入 A 商品」就屬於 DB 型;如果是由金課長自行投資,就屬於 DC 型。也就是說 DB 型的投資者是公司,DC 型的是勞工本人,所以 DB 型的管理責任在於公司,公司必須承擔投資虧損,給付勞工固定的退休金(以退休前 3 個月的平均薪資計算)。

但是 DC 型的投資收益取決於勞工本人,所以退休金的金額,會根據你的投資成果而有所不同。所以,DB 型就像薪資一樣,可以領到一筆固定的退休金,被稱之為「確定給付制」;DC 型是根據你投入和操作的成果來領取退休金,被稱為「確定提撥制」。一般來說,如果你認為薪資成長率會高於投資報酬率,就選擇 DB 型;如果你有信心成創造出更高的投資收益,選 DC 型更有利。

以我為例,入職第 7 年,我確定自己的薪水成長率不會再向上攀升後,我就在利率上漲(股價下跌)的時候,果斷地把退休金制度改成了 DC 型。我在 DC 型的退休金帳戶裡,也照著經營年金儲蓄帳戶的方式,繼續存 ETF。現在的我,不再去 Naver 下單購物了,而是改打開證券公司的 APP,開始下單我的年金 ETF[13]。

翻轉衝動消費的漏財習慣

【特別說明】台灣讀者可將上表中的「國民年金」視為我國的「勞保老年年金」，同樣都是「由薪資自動扣繳，不用額外操心」。上表的「退休年金」可視為「勞工個人退休金」，差別在於台灣是規定由雇主提撥、政府負責投資管理，且退休時由勞工自行申請，同樣可以自行額外提撥。最後「個人年金」的部分，可視為個人的投資計畫，參考阿婆姐姐的建議，投資美股 ETF。

13 編注：台灣勞工在退休時，有兩個政府退休金來源：1. 勞工保險老年給付，2. 勞退新制退休金（簡稱勞退）。可以搜尋「勞保局 e 化服務系統」，查詢自己以上這兩種退休金的相關資料。勞保老年年金可在法定退休年齡和工作年資期滿時，選擇按月領取或一次給付；勞退由雇主每月提撥月薪 6% 到勞工的退休金專戶，勞工可選擇是否再自提更多（1～6%）；不過有別於韓國的制度，這個專戶並不能由勞工自行操作投資所用。

跟我一起直購美股

你們知道，韓國在全球股票市場中的占比是多少嗎？你可能會想：「韓國有三星這種全球化企業，至少會占個5％吧？」但2024年的資料指出，韓國只占全球股市的1.3％，甚至還不如台灣的1.6％。那你們知道，占比最高的國家是哪裡嗎？當然就是美國了，占全球市值比重高達64％。[14]

三星是全韓排名第一的企業，但你知道他在全球排行第幾名嗎？2024年7月的資料顯示，三星電子的總市值排名全球第21名。全球十大企業裡，10家就有8家是美國企業，只有2家不是。如果你明知這一點卻堅持不投資美股，想當隻井底之蛙，抓著韓股不放，那我也真的是無話可說了。

各國股市的全球市占率

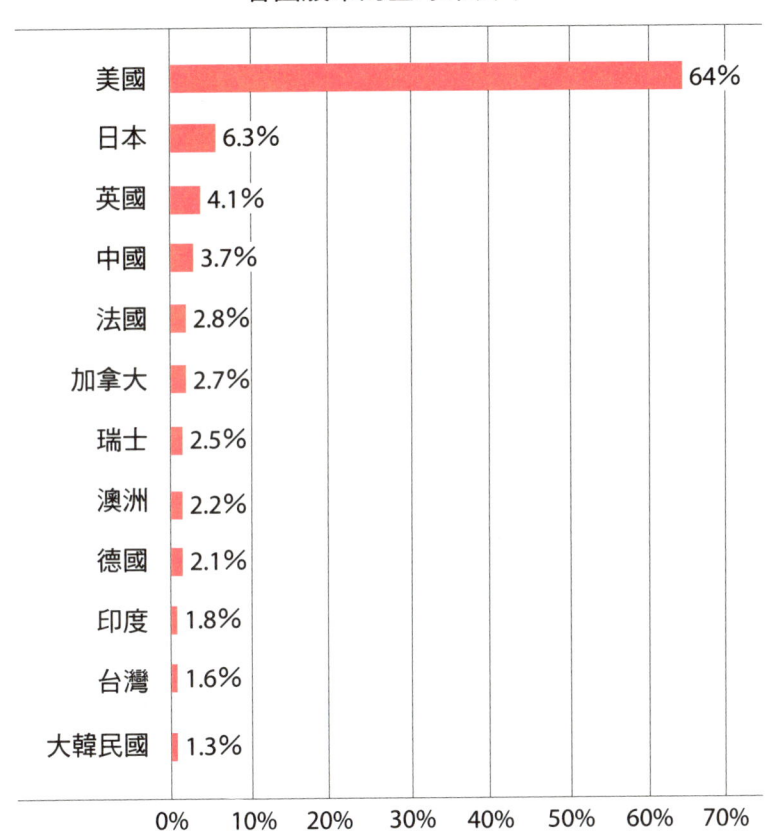

國家	市占率
美國	64%
日本	6.3%
英國	4.1%
中國	3.7%
法國	2.8%
加拿大	2.7%
瑞士	2.5%
澳洲	2.2%
德國	2.1%
印度	1.8%
台灣	1.6%
大韓民國	1.3%

14 資料來源：MoneyDJ 理財網。（2025 年 6 月資料）

💰 宅在家也能輕鬆投資美股

「我連韓國股票都搞不太懂,可以投資美股嗎?」

「我英文不太好,好像沒辦法在美國選股。」

「美股要怎麼買?」

現在這個世界已經方便到不需要再煩惱這些問題了!只要有一支手機,就算是窩在家也可以買美股。美國跟韓國市場只有市場交易的時間不同,兩者同樣都以 1 股為單位進行交易。別說是 1 股了,如果你夠厲害,甚至可以把整個美國市場都裝進你的口袋裡。

我們沒必要去挑美國公司,只要購買已經把美國公司打包成套的「ETF」就行了。你可以透過年金帳戶購買在韓國上市的 ETF,也可以直接購買在美國上市的 ETF(這種方式就是「直接購買」美股),說白了就是你要在「酷澎(Coupang)」下單,還是在「亞馬遜(Amazon)」下單的差別而已。

對於股票新手來說,美國 ETF 是首選,因為不需要理會股價的漲跌。投資鬼才華倫・巴菲特(Warren Buffett)爺爺跟知名對沖基金經理人下了一個 10 億元的賭注:

「如果你對自己的報酬率充滿信心,你就好好選股投資 10

翻轉衝動消費的漏財習慣

年吧。這段時間，我就只投資追蹤 S&P 500 指數的指數型基金（ETF）。」

10 年後的結果是？巴菲特獲得了壓倒性的勝利。基金經理人辛辛苦苦買賣個股的報酬率，最後卻比不上追蹤股價指數，只靠整體市場平均表現來決定報酬的 ETF。巴菲特留下了一句話：

「長期投資低成本的指數型基金，是最適合散戶的投資方式。提高投資報酬率的祕訣不是選一家好公司，而是長期購買指數型基金，綜合投資指數底下的所有企業。」

其實就連大多數的專家，都沒辦法連續挑出能打敗市場的股票。身為世界前三大信評機構之一的 S&P（標普道瓊斯指數公司），每年都會分析由基金經理人操手的主動型基金，和追蹤市場指數的指數型基金，了解哪一方報酬率更好。**統計報告指出，把資金全數投入指數型基金，只要等 5 年就有 78％的機率可以贏過市面上的主動型基金**。說穿了，不管再怎麼努力，大多數的基金還是逃不過指數型基金的掌握。

假如我們選擇投資個股，股價上漲的時候，因為價格昂貴所以不會進場，走跌的時候又不知道會跌到哪裡，也進不了場，每天盯著股票線圖乾瞪眼就飽了。股票必須持續加碼才能

累積投資金額,但這種方式不但累積不了資產,還很傷神。不過 ETF 就不同了,不管是上漲還是下跌都能放心加碼。我選擇投資美國 ETF 的理由只有四點:

1. 小額也可以分散投資許多績優股。
2. 歷史證實,市場指數會持續上升。
3. 管理費便宜。
4. 報酬率很高。

大家都說,股票投資成功的四大原則是「間接投資、分散投資、長期投資、低成本投資」,而美股的 ETF 可以一口氣解決上述所有問題。

💰 不用擔心現在的高點

最近美國股市連連創新高,投資美股的散戶愈來愈煩惱,不知道該不該現在進場,一邊看著線圖,一邊跟股市打著心理戰。但你要知道,現在的高點在未來不會是高點;所謂的高點,是以現在為基準的高點,但長期來說,高點會不斷被刷新。

「如果買進之後股價就跌了怎麼辦？」煩惱這件事的話，你一輩子都買不到股票。 你要知道，買進股票後，股價隨時都有可能走跌。股價有漲也有跌，如果害怕走跌，就把投資的時間拉長一點。放遠來看，今天就是破盤價了。

你知道最可怕的是什麼嗎？就是拿著現金，在場外觀戰。**理財最大的風險不是股價暴跌，而是不參與股票市場。** 那些還在場外遊蕩的人，也許覺得這是最安全的方式，但長線投資最基本的守則就是「儘早進場，堅持下去。」以《約翰柏格投資常識》（*The Little Book of Common Sense Investing*）一書聲名大噪的指數型基金創始人約翰‧柏格（John C. Bogle）也說過：「什麼都不要做，待在原地就好了。」

在危機中閃閃發光的安全資產──美金

購買美股必須使用美元，所以投資美股，同時也有投資美元的效果（美國股票屬於美元資產）。出國旅行有換過外幣的人就知道，我們出國旅遊的時候必須換當地的貨幣，但美國人卻可以拿著自家貨幣走遍世界。原因在於美元（USD）是國際儲備貨幣。換句話說就是在國際貿易的時候，不論什麼東西都

會以美元作交易。

美元是我們可以最輕鬆入手的安全資產。當國際金融危機爆發時，美元價格就會飆升。回顧韓元兌美元的歷史，1997年 IMF 時期（亞洲經融風暴）美金匯率高達 1,965 韓元，2008年世界金融危機時，上漲到 1,573 韓元 [15]，這就是儲備貨幣的力量。各位要知道，經濟危機發生的時候，除了儲備貨幣以外的資產，都有可能變成一張壁紙。

美元也跟股票一樣，價格漲漲跌跌，但再怎麼跌，都不可能跌到地板價。所以說，如果把美元當成一檔股票來看，簡直是超級績優股，一檔絕對不會倒台的績優股。你可能會說：「美國也可能會垮啊！」但以現階段來說，在美國垮台之前韓國早就先垮了。

說到投資美元，大家一般都會認為要在匯率低檔的時候買進、高檔的時候賣出，從中賺取利差。但這樣的買賣，並不是在投資美元。**真正的美元投資，是不斷地累積美元，如果可以把這些美元再拿來購買美國股票，更是一舉兩得了。**

大家可能會以為「定期存美股」很困難，但其實很簡單。

---

15 編注：1997 亞洲金融風暴與 2008 年金融海嘯，台幣兌美金都是 1 美元兌 35 元台幣。

你只要每個月發薪水的時候就買進美股 ETF，就能輕鬆累積安全資產，同時又能創造收益了。從現在開始，照著你的能力所及慢慢存美股，你的未來就會變得不一樣。從 1 股開始買起，像儲蓄一樣慢慢存股。與其想著「我要買股票」，不如把它當作是在「定期定額存股」和「累積股票資產」吧。

沒有認真工作,哪來閒錢投資?

我們靠著錢能做的事,大概可以分為四大類:

1. 賺錢	2. 花錢
3. 增值	4. 捐款

1 就是勞務所得和事業所得,2 是消費行為,3 是理財與投資,4 是捐款。這幾個裡面,哪一個最重要呢?我認為最重要的是 1 賺錢。其實這 4 點都很重要,但如果沒有 1,哪有接

下來的 2、3、4 呢？

投資的根本，就是做好自己的本業。但近期很多人本末倒置，沉浸在 3（增值）裡。當你運氣不錯，靠著股票跟房地產賺近一大筆錢的時候，上班賺的薪水就會微不足道。

坐著不動就可以賺近幾千、幾億韓元，很容易讓人陷入「我何必辛苦工作，把自己累成狗」的想法，低估了自己本業的價值。但就我個人而言，即使透過股票和房地產獲利，我也不會賦予它太大的意義，情緒也不會為此陰晴不定。因為不論如何，相較於這些獲利，**每個月穩定進帳的薪水、我的勞動所得，才是真正有價值、值得珍惜的東西。**

💰 從認真工作開始做起

我的投資原則是：「不論發生什麼事情，都要認真工作。」各位也一起把本業做好，把投資當成興趣。本業因人而異、因時而異，如果你是一位學生就認真讀書；如果你是一個成人，就做好自己的本業（工作或事業）。**不想做好份內的事情，想靠著投資翻轉人生？人生才沒那麼容易被翻轉。**

首先，提升自己工作上的專業，把工作做好更重要。在公

司裡，工作能力好的人才會獲得肯定，升遷也比較快。反而是一頭栽在投資裡，疏忽工作的人，會被別人甩在後頭（其實工作表現好的人往往也比較會投資，因為他們知道怎麼把自己的能量用在最適合的地方）。

你是否也在該做某件事的時候，把真正該做的事情擱置一旁了呢？好好檢討一下，是不是急著想賺快錢，在投資上耗費太多時間和精力了。**對 20 ～ 30 歲的你來說，提高身價才是最棒的理財方式。**這段時間，你應該投資自己，培養自己的專業程度，專注在提升自我價值，而不是提升自己對於不勞而獲的慾望。投資的種子基金，終究來自於你的勞動所得，所以說，重要的是擁有一份可靠的收入，並持續培養自己的能力。

💰 安穩，比速度更重要

有些話，我一定要告訴剛踏入社會的新鮮人。如果你還沒找到工作，或是找的工作感覺沒什麼前途、不太穩定。那麼，你最優先的課題絕對是找到一份穩定的工作，或是適合你的職業。

在不穩定的狀態下，很難安心做投資。投資的時候絕對不

能心急,如果自身的狀態不穩定,往往會變得太急躁、太貪婪。我看過太多人,因為不當投資而賠錢,你不能在一條地基沒打穩的道路上奔跑,如果你的工作還不穩定,還沒站穩腳步,就先全神貫注打好基礎,現階段這件事比賺錢更重要。

很多年輕人都想儘早實現財富自由,但你們應該都知道,財富自由無法一蹴而就,想實現就必須付出巨大的努力和痛苦。就算你要花上很長的一段時間也沒關係,不要跟他人作比較。按照自己的節奏做好準備、努力學習。過程雖然痛苦,但你會慢慢成長,一步一步走向致富之途。

💲 再怎麼盯著看,股票也不會立刻上漲

我之所以開始鑽研房地產,是因為有多餘的時間。下班回到宿舍,距離睡前還有 6 個小時左右的時間。我不看電視和串流影音,不管讀再多的書還是剩下很多時間。所以我想,既然我已經會賺錢了,不如來學一下怎麼用錢滾錢吧!我找了幾種方式,也因此接觸到了房地產。

因為我是利用業餘時間學習,所以不會太過沉迷,也不會妨礙到我的本業。聽說有很多上班族連到公司也忙著看股票,

早上 9 點一到廁所全被占滿。還有人會在電腦螢幕的角落開著股票視窗，一邊上班一邊盯盤。

● 老是在意當天的漲跌，就是對持股沒信心

上班的時候腦子裡還想著其他事情，肯定沒辦法專注在工作之上（雖然當事人一定不會承認）。這種情況其他同事都看在眼裡，上司也不是笨蛋，當然也都知道。至少在公司上班的時候，應該要專注在工作上，確保自己的工作不會出狀況。如果你不想專心工作，只想一直盯盤，那你乾脆去證券公司上班算了。

重點是，不斷盯盤代表你對自己的投資沒有信心。不管是股票還是房地產，如果你時時刻刻都掛念著它，代表你缺乏信心，這多半是因為你看到大家都在買，就跟風買進，或是聽信別人的三言兩語就跟著下手。**如果那是你自己認真鑽研，充滿信心做出的選擇，那你又怎麼會不信任它，焦慮不安的一直盯著它看？**

經過自行判斷的投資決策，因為你有信心，所以不用擔心受怕。投資後，放著就行了。如此一來，你也能專注在本業上。以我為例，我的股票資產大多都是美國的 ETF，投資美股有個好處，開盤時間和工作時間會錯開來，所以完全不影響日常生

活（美股交易時間為韓國時間 23:30 至隔天 06:00，夏令時間為 22:30 至隔天 05:00）。

　　由於開盤時間是從韓國的深夜到隔天凌晨，根本不可能熬夜盯盤，只能參考前一天的收盤價，設定好合理的價格提前掛單，然後就上床睡覺。而且我是長期存股，只買不賣，所以買完就沒事了，不需要盯盤，也幾乎沒有時間去看股票圖表上上下下。因為不內耗，所以投資時心情也總是處在平靜的狀態，這也是為什麼我可以穩定進行長期投資的原因。

● 專注本業，投資的機會自然會上門

　　投資這件事，不會只有持續一、兩年，而是要奮戰一輩子，所以我們必須打造出健康的投資模式。如果投資影響你的本業，消耗了你的時間與精神，久而久之將會身心俱疲，又怎麼能長期抗戰？

　　如果你現在過度熱衷於投資，甚至把本業拋諸腦後，那就暫時停下它吧。 重新檢視自己的正職，別忘了，這才是你人生的支柱。只有用勞動所得建立穩定的現金流，才能享受投資，日後就算遇到什麼困境，也才有堅持下去的自信。

阿婆姐姐碎碎念 2

覺得這輩子買房無望？
振作點吧你！

「年輕就是要花錢啊，難道要留著老了再花？反正這些錢存下來也買不起一間房～」

小心你身邊會講這種話的人。**他們剛出社會就自暴自棄，跟這樣的人玩在一起，只會讓你養成錯誤的消費習慣。**如果為了「不落人後」，跟著他們去吃無菜單料理、打高爾夫球、買名牌，5 年後你的人生真的會直接爆掉。

到時候，你可能依然繳著房租，住在小套房裡，被信用卡分期付款壓得喘不過氣，但其他人卻已經買了一間自己的房子，過著還不錯的日子。

「那是因為他們賺很多，我薪水那麼低，一年也存不了多少錢。」

不要一邊說著這句話,一邊花錢又花得比在大企業上班的人還兇。年薪不高,就應該要提高自己的儲蓄率。然而,現實的走向卻往往相反,年薪愈高的人反而更精打細算,畢竟只有真正成功過、真正存過錢的人,才知道錢有多珍貴。

戶頭裡有 9,900 萬的人,會為了湊到 1 億元,連 100 萬的零頭都不敢花。但手裡連 100 萬都沒有的人,卻往往連幾十萬元都選擇花個精光。**戶頭餘額愈少的人,懂的是花錢的樂趣;餘額愈高的人,享受的是存錢的樂趣。**

有些夫妻,結婚的時候戴著幾千萬韓元的精品手錶和名牌婚戒,卻租間新成屋來當新房。拜託你們醒醒吧!不如把這筆錢省下來,買一間自己的房子。就算是全租[16]也是寄人籬下,等於是在免費借錢給屋主。房價上漲的時候,也只有屋主會受惠。租屋族每 2 年、4 年就又要搬一次家,寄人籬下的日子永無止盡。

你想一輩子寄人籬下嗎?如果你有自信,這輩子都打算四處搬家,那不買房也沒關係。如果跟你站在相同起跑線上的朋友,後來買了一間好房子,你看到也不會覺得嫉妒,那就繼續

---

16 譯注:韓國特有的租屋模式,支付高額保證金後,可不需繳納房租。

過著這樣的生活吧。但如果你不想走到這樣的下場，最好立刻轉念。

制定好計畫和目標，告訴自己：「總有一天要存到錢，買一間自己的房子。」房子是必需品，不只是房地產投資概念，而是你的安身之處。擁有一個安穩的住所，可以為生活帶來多大的安心感，是絕對不容忽視的。

有殼族跟無殼族看待這世界的角度不同（買過房子的人才能體會），買過房子的人會繼續買房，不買房的人一輩子都不會買。**先求有再求好，先買房，等之後存到錢之後再把這間房子賣掉，貼錢搬到更好的房子。**

買房之後如果房價跌了該怎麼辦？跌了又怎樣？就繼續住啊。房地產跟股票不同，它有「可居住」的實用性。**股票崩跌的時候，你的股票資產可能瞬間會變成壁紙，但房價崩跌的時候，那棟建築物會人間蒸發嗎？它還是在那裡啊。**

買房只要避免在泡沫時期高價買進就行了。別再說錢不夠用了，愈是不夠用，就愈應該減少支出，存到一筆種子基金。「反正我沒希望了啦！」要是抱著這種心態，你未來的人生真的會一無所有。

去感受存錢為什麼比花錢更幸福，如果你想成為一個獨立

的經濟個體,首先就得要經濟獨立。我希望你可以感受到,不靠父母資助,靠自己累積財富的樂趣。

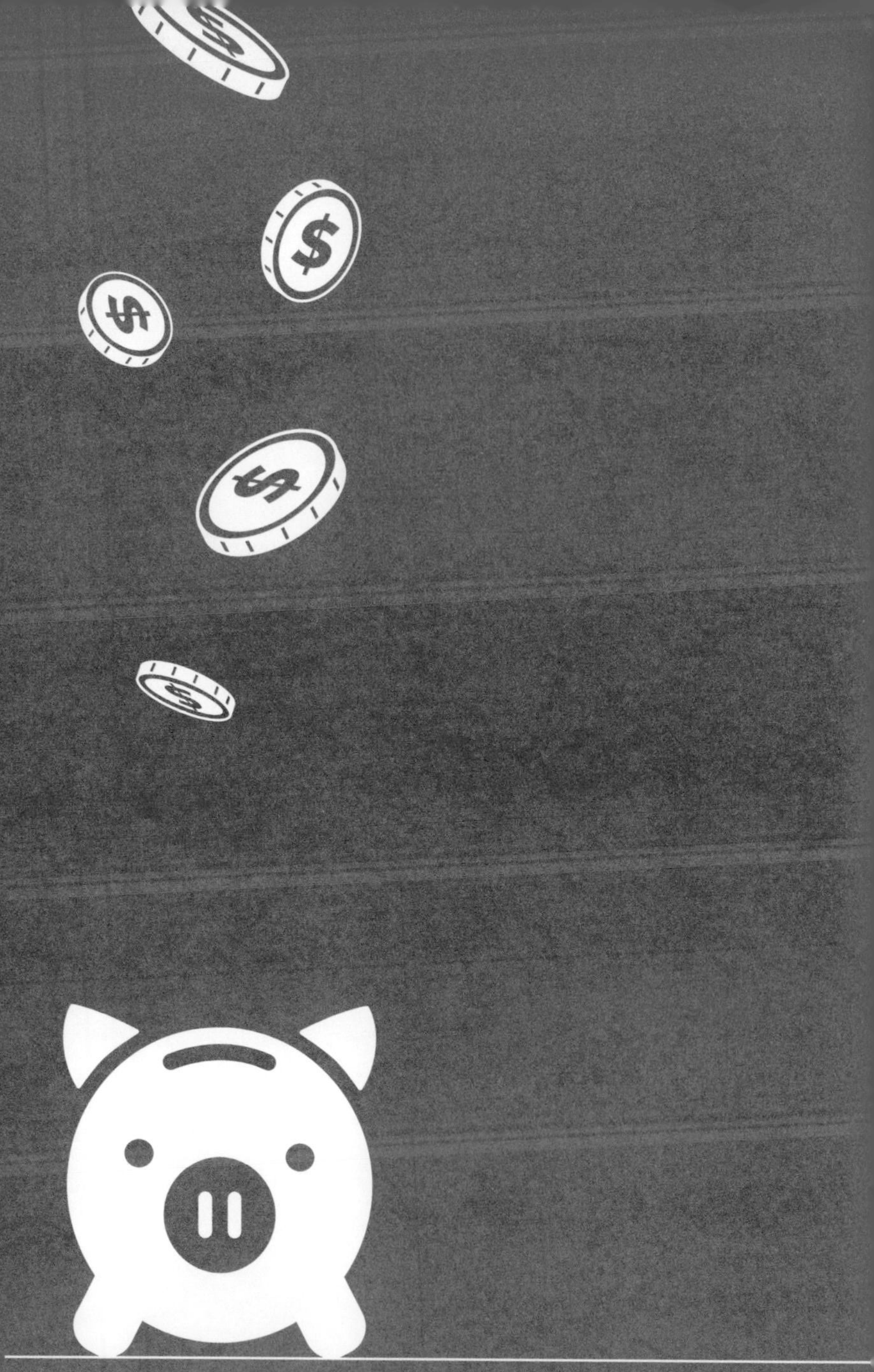

第 3 章

打造正確的理財和生活心態

為什麼會買個不停？

「肚子餓的時候別逛市場。」

「腳痠的時候別買椅子。」

這兩句話，都是在勸人要理性消費。雖然大家都覺得自己是理性消費，但實際並不然。**當你很想買一樣東西的時候，通常都是被廣告吸引而急著想買，往往購買的原因都不是自己需要，而是為了向別人炫耀。**

情緒會影響我們消費，據說我們在購物的時候，大腦通常都處於 β（Beta）狀態，而不是 α（Alpha）狀態，也就是說，我們大多數的購物行為都不是出於理性思考，而是在無意識狀態下做出的決定。

所謂的無意識，顧名思義就是處於「連自己都沒有發現」的狀態。看到化妝品的廣告，我們會下意識認為用了之後，皮膚就能跟模特兒一樣好；只要吃了減肥食品，就感覺自己會變得跟偶像一樣苗條。然後我們會開始告訴自己：「我需要那個東西」、「擁有它我就會變得更好」，下意識合理化無意識的消費行為。

歸根究柢，消費就是一種「在無意識下購買，然後在意識層面上將其合理化的行為」。白話一點，消費就是在神智不清的狀態下花錢（廣告公司很了解人類的這種特質，然後針對目標群體下廣告）。

💲 購物真的可以紓壓嗎？

我們的消費行為，可以被分為四大類。

| 生存消費 | 日常消費 | 過度消費 | 消費成癮 |

生存消費，顧名思義就是為了活下去而做的最低限度消費；日常消費，是為了維持日常生活的必要支出；過度消費，不屬於生存和日常消費以外的消費，如果反覆進行過度消費，就會進一步變成消費成癮。

我們所有的消費行為都隸屬於上述的其中一項，如果懂得如何區分自己目前的消費是屬於上述哪一個種類，就能夠確認自己現在的消費合不合理。

所謂的「狂買東西」就是一種消費成癮，「我最近狂買東西欸！」我們日常生活上很常說到這句話，但它其實是「過度沉迷於購物，不買東西就感到焦慮難耐的病態行為」。

沒辦法分辨這個東西必要與否，在衝動下，頻繁做出超乎自身經濟能力消費狀態，這已經不是單純愛買東西的毛病了，而是無法控制自己的慾望，會對自身和他人造成傷害的疾病。

生存消費和日常消費，是我們生活上必要的消費，但過度消費和消費成癮，是會侵蝕人生的消費行為。但有些人會沉淪在消費成癮中無法自拔，為什麼會這樣？**造成消費成癮的原因是「匱乏」，他們缺的不是東西，而是自我的匱乏**。就好比肚子餓要吃東西一樣，他們為了滿足「心靈的飢餓」，不斷反覆消費。

EBS（韓國教育電視台）《Docuprime》資本主義的第二部曲〈消費是情緒在作祟〉（暫譯）中，曾提到某一項實驗。研究人員把受試者分成兩組，其中一組觀看平靜愉快的電影，另一組觀看悲傷的電影。看完後，他們拿出一樣東西，詢問受試者最高願意支付多少錢購買這樣東西。結果，看完悲傷電影的受試者，出價比另一組高出 4 倍。結論是，處於悲傷狀態的人，會比平時更渴望購物，也願意支付更多金錢。紀錄片表示，當人類感到失落，會在不知不覺間產生慾望，想填補心裡的空缺。這個實驗，**顯示出人們會誤以為內心的空虛，可以靠買東西來填補**。

透過購物擁有一樣東西，可以暫時緩解低落的心情，感覺彌補了心裡的空虛。但也因此，未來只要感到憂鬱或焦慮，就會忍不住再去購物。但是購物只能帶來短暫的愉快，憂鬱的根本問題還是沒有被解決，反而是收到信用卡帳單之後，壓力又更重了。「購物可以紓壓！」是來自於一種錯誤和短暫學習反應。

💲 你想買的東西，其實是自己的價值

心靈的飢渴，無法藉由購物來填補，就像是在無底洞裡倒

水一樣，不管再怎麼倒都填不滿，反而只會使水缸破裂。就像童話故事《豆姑娘與紅豆女》（韓國版的《灰姑娘》）裡，壞繼母要求豆姑娘去把破掉的水缸裝滿，就在豆姑娘吃盡苦頭的時候，剛好出現一隻可以塞住破洞的蟾蜍，拯救了她。我們雖然沒有這隻蟾蜍，但我們可以靠自己修補內心的破洞，也就是「找回你的自我認同」。

所謂的自我認同，是一種「打從心底認同自我的價值，不仰賴他人的肯定與稱讚的正向思維」。自我認同感較高的人，因為對自己感到滿意，所以對其他事情的滿足感也相對較高；**但是自尊感較低的人，總是覺得自己不夠好，所以想尋求某樣東西，來提升自己的價值**。

為了掩蓋自己身上的裂痕，對自己的外在修修補補。但實際上，自我認同感愈低，現實中的自己與理想中的自己，差距就愈大，又導致他們花更多的錢，想填補兩者之間的落差。所以說，**有過度消費和消費成癮的人，最該做的不是剪卡或抑制自己的消費欲望，而是應該先努力找回那份已經崩潰的自我認同感**。

「我應該是瘋了吧？！」

我認識的一位友人，經歷了一件重創自我認同感的事件，

整整一年深陷在憂鬱的情緒當中，開始報復性消費。他當時把大部分的收入都花光了，幾乎沒有儲蓄。後來他終於清醒了，但再怎麼後悔都已經為時已晚。

我聽說他後來花了幾年彌補這件事，過了一段苦日子。購物成癮原來是一件非常不幸的事情，如果欠下債務，還會連累家人一起陷入經濟困頓，這不僅是個人的不幸，甚至可能造成一個家庭的不幸。

因為個人的關係，情況甚至會嚴重到要拖著家人一起受苦。如果你經常做出超出自身經濟能力的過度消費行為，那現在就應該正視這份危機。誠實面對問題，承認原因並非外在環境而是你內心的匱乏，然後儘快努力戰勝這份匱乏。

不要為了討好別人而花錢

透過現在的消費習慣，去探索隱藏在自己內心裡的各種情緒吧！如果你的消費行為，多半是為了取悅他人的眼光，就應該要意識到，你不是在為了自己消費，而是在為了別人消費。

以我為例，逛街的時候有一個鐵的紀律。如果看到一件想買的衣服，我會問自己，如果這地球上只剩下我一個人，我還

會買這件衣服嗎?如果地球上只有我一個人,代表不能穿給別人看,即便如此還是想買的話,就代表我真的喜歡這件衣服,不在意別人的眼光,也不是為了討好別人。

我們其實都不需要靠昂貴的包包來展現優雅,也不需要靠昂貴的衣服博取他人喜愛,不用開昂貴的車也一樣能被肯定。從現在開始,不要再為了取悅他人而消費了,讓我們為自己的幸福而消費吧。

💲 找出真正會讓自己感到滿足的消費方式

愈常消費就會愈幸福嗎?其實並不然(如果這個假設成立,有消費成癮的人應該都已經幸福到瘋掉了吧)。所以,究竟什麼程度的消費、哪種形式的消費,才能讓我們感到幸福呢?

EBS 的《Docuprime》做了一個試驗。研究人員把幸福指數差不多的小朋友分成兩組,給予他們相同金額的零用錢進行消費。A 組的小朋友可以盡情購買自己想要的「東西」,接著他們讓 B 組小朋友一起去「旅行」,體驗各種行程。

三個禮拜過後,他們再度確認小朋友們的幸福指數和滿意

指數,結果 B 組的表現遠遠高於 A 組。更令人驚訝的是,當他們問小朋友:「你覺得這份幸福可以維持多久?」A 組(購物組)小朋友的回答是「大概一週吧?」、「可以維持一個月。」但 B 組(旅行組)小朋友的回答竟然是:「好像一輩子都會記得。」結論是,**與其把錢用在物質消費上,花錢讓自己擁有更豐富的人生體驗,不只可以記憶長存,幸福感也會持續更久。**

相信自己已經夠好了

自我認同感低落的人，往往會有以下的特徵：

（1）缺乏自信，（2）低估自己，認為自己不夠優秀，（3）過度在意他人眼光，（4）經常看人臉色行事，（5）總是對自己的表現感到不滿意，經常自責。

如果想要提升自我認同感，該怎麼做？人們往往會說，想提升自我認同感，要先學會愛自己，但其實最應該先做的是「了解自己」。你要先了解自己是怎麼樣的人，才能決定要不要愛自己啊，不是嗎？愈能客觀的認識自己，並願意透過努力和累積成就，不斷培養自己好的一面，你將會變得愈來愈有自信、愈來愈欣賞自己，從而產生自我認同感。

💲 找回自我的方法 1：寫日記

寫日記是找回自我最簡單的方式，也是不用花錢的大好方法。寫日記，真的會讓一個人更認識自己。人類是健忘的動物，過一段時間就會忘得一乾二淨，寫日記會留下紀錄，一切都可以回顧。某天，我在寫完日記之後，偶然找到了我一年前寫的日記，裡面的內容，跟我當天寫的日記幾乎如出一轍。

「最近因為過敏，眼睛癢到要瘋掉，一直在失眠。」我整個起雞皮疙瘩。

每年四月一到，我都會因為過敏而苦不堪言，但事情一過，我卻又立刻忘了！過敏季節來臨的時候，我應該事先備好藥品，因為這段時間免疫力不佳，也應該要特別注意健康管理，提前做好準備，但我卻把這件事忘得一乾二淨，每年都像是第一次發生一樣，痛苦到不行。

我們偶爾會忘記過去發生的事情，過去的覺悟與下過決心，隨著時間而變得模糊。 但如果你把這些想法寫在某個地方，就比較不容易忘記。寫在日記本上，偶爾翻出來看，不僅可以提醒自己不要犯錯，還能避免重蹈覆轍。回頭看看過去的想法，也能讓我們更了解現在的自己。

💲 找回自我的方法 2：學生時期的自己是什麼樣的人

想了解自己，了解自己的本性很重要。我們可以從小時候的自己身上，找出自己最真實的本性。所以最好的方式，就是找出學生時期的學習歷程檔案，看看老師在上面寫了些什麼。近年來，學習歷程檔案可以直接在網路上申請，也可以利用自助機台申辦，很輕鬆就能列印出來。距離我高中畢業已經 14 年了，但我曾經去下載過當年學習歷程檔案，看下來真的很有趣。下面的內容，擷取自我高中的學習歷程檔案。

年級	行為特質與導師綜合評語
1	學期剛開始會主動認識其他同學，跟其他人交朋友，並能持續維持良好的關係。懂得利用當下，為未來做規劃，對自己喜歡和想要的東西充滿熱情。勤奮不偷懶，成績表現優異，在同儕間深受的信任。
2	學習動機強烈，努力堅持不懈，富有強烈的正義感，個性也很開朗，跟同學之間關係融洽。
3	團體生活中，就算跟同學意見分歧，也會努力協調，是一位懂得解決問題、富有親和力的學生。思考邏輯清晰，擅長表達意見且具備說服力，具有人格魅力。對課業具備熱忱，做事有規劃，認真努力，成績有顯著進步。

打造正確的理財和生活心態

雖然班導好像都專挑好話來寫，但從我學生時期的表現，就可以看出我原本是一個怎麼樣的人。仔細讀完後，過去的回憶彷彿就在眼前，栩栩如生。希望各位都可以藉由學生時期所得到的評價，慢慢描繪出當年的自己，回首自己的過去。

找回自我的方法 3：獨自去旅行

好像很多人，這輩子都沒有獨旅過。嘗試過獨旅，你才會知道自己喜歡什麼、想要什麼、是怎麼樣的一個人，因為一天 24 個小時，只有你自己可以做決定。

獨旅的時候，想睡就睡、想起床就起床、想出門就出門。你可以到想去的咖啡廳或餐廳，想休息的時候就回去飯店。就算同一個地方去了好幾次，也不會有人有意見，就算選錯餐點，也不會被旅伴指責。

當我們跟某個人處在一起的時候，一定會在意對方的意見，試著想配合對方。**但獨處的時候，你只需要思考「我想做什麼」，獨旅的時候，你就會展現出原本的自己。**

我第一次獨旅是在大學四年級時，去了東南亞旅行。雖然我看起來好像一直都很堅強，但也有過低潮的時期。剛畢業正

在待業的那段時間，面對模糊不清的未來，每天都充斥著對未來的迷惘，某一天，我突然決定去東南亞背包旅行。

當我表示自己要去旅行的時候，父母當然破口大罵：「臭丫頭！妳不準備找工作，還要給我去旅行？！」非常反對，但我寫了一封又臭又長的信說服他們，最後終於得到他們的同意，順利出發了。我想得果然沒錯，那場旅行扭轉了我的人生。

當時我在寮國遇見一位韓國人，跟他之間的對話讓我印象非常深刻。那時候的我們逛著夜市，突然之間，他問我是不是昌原人，我嚇一跳，因為昌原就是我的老家。我心想：「他一個首爾人，怎麼有辦法聽我的口音，就知道我是昌原人？」我問他是怎麼知道的，他跟我說：「我認識的一個妹妹住在昌原，她的口音跟妳一模一樣，連個性也如出一轍。」

我接著問：「我的個性怎麼樣？」

他回答：「妳很落落大方，充滿自信，看起來很開朗。剛剛妳還先跟素昧平生的我搭話，邀請我一起搭計程車，也很會跟計程車司機開玩笑，又超會替別人指路。」

一瞬間，我好像腦袋好像被打了一拳，突然有點哽咽。

對啊！以前的我就是這樣，是個大方開朗的人。但在韓國這段時間，我怎麼變得這麼畏畏縮縮？為什麼每天都像個罪犯

一樣,把帽子壓低,只在家裡和圖書館之間往返,過得這麼壓抑。我不能再繼續這樣了!回歸日常生活後,我要像這趟旅行中的自己,成為一個充滿活力和自信的求職者。

這件事成為契機,讓我找回了那份遺失的自信與自我。回到韓國後,我告訴自己:「應該是我來選公司,為什麼是公司來選我!」我帶著謎之自信參加面試,結果馬上就找到工作了。如果你現在也正因為迷失自我而變得畏畏縮縮,我真心推薦你去獨旅一次(如果沒辦法出國,在國內也可以)。你會在不知不覺間,找回自信與勇氣,帶著嶄新的自己回來。

我的人生是由自己創造的

「妳的自我認同感,為什麼這麼強?」

被問到這個問題後,我沉思了很久,我的自我認同感之所以這麼強,好像可以歸功於兩個原因。第一個是經驗,這段時間以來,我所累積的經驗!當一個人的經驗愈來愈豐富,就會愈來愈有自信。自我認同感,會決定一個人自信與否。面對某項挑戰的時候,如果過去在面對相同的情況,有過成功的經驗,就會相信這次自己也能做得到。而這份「我可以做到」的

自信，又會讓我們再次走向成功。

舉例來說，有一個人曾經戰勝了最困難的 A 狀況，所以當他遇到難度比 A 更簡單的 B、C、D、E 狀況時，就算沒有經驗，也會理所當然地覺得自己一定可以克服。「A 都能克服了，B 有什麼難的？」他會抱著這種心態，輕鬆跨出第一步。

經歷過愈多困難的人，愈懂得如何充滿自信面對挑戰。曾經跑完過全馬的人，就會覺得半馬很簡單。成功登上聖母峰的人，爬漢拏山根本是小菜一碟。

回想起來，我在騎腳踏車的時候也一樣。起初跟著公司前輩去騎腳踏車的時候，傻傻騎了 60 公里，後來就覺得騎個 40、50 公里根本不算什麼，理所當然覺得自己一定做得到。

為了找回自信、提升自我認同感，不斷累積大大小小的成功經驗很重要。在日常生活中，累積各種成功的經驗，不只可以提升自信，也會改變你的人生態度。

第二個原因是，多虧了我不在意他人的個性。因為我對別人不太感興趣，所以也覺得別人也不會注意我，因此我不在意他人的眼光。自我認同感較低的人，通常比較在意他人的看法，經常看他人的臉色做事。在不在意他人，會對我們的生活疲勞感帶來天壤之別的感受。

我們要把重心放回自己身上,如果一直在意他人的眼光,什麼事都想迎合別人,就必須要戴上數千甚至數萬種面具。如果把重心放在自己身上,就只需要做回原本的自己。老實說,我沒有那種精力偽裝成好幾種樣貌,我只想做原本的自己——想活出這世界上,獨一無二的我自己。

理財是找回自我的旅程

常常把「因為我沒什麼自信……」這種話掛在嘴邊的人,好像是把自我認同感低落當成是什麼與生俱來的 DNA 了。自我認同感不是天生的,沒有人「天生」自我認同感就很高;自我認同感不會突然從天而降,用錢也買不到。

自我認同感,來自於人生中的每一次挫折和嘗試。**每個人都有自己的傷痕和不完美的地方,但唯有「努力」,不斷克服,才能建立起堅定的自我認同感**。如果你不願意努力,想從別人身上獲取自我認同,那是不可能的。唯有透過小小的成就、成功的經驗、適度的挑戰,才能一步一步建立起自我認同。

當我們失去方向,迷失自我的時候、不知道為什麼要活著的時候、不知道該怎麼做的時候,千萬別想著要從他人身上,

或從外在環境找答案。此時此刻,你應該去找回自己、重新振作起來。給自己一天的時間跟自己獨處,平靜的坐在書桌上,試著寫下你認為自己是一個怎麼樣的人,就像是回到最初的起點一樣。

我的名字、年紀、喜歡和討厭的東西、想要和不想要的東西、想實現的夢想、最重視的價值、人生中最後悔的事、最喜歡的朋友以及為什麼喜歡他的原因⋯⋯等等,把這些東西寫下來,你將會更深入的思考「我是誰」。

盡可能做自己吧!**學習投資理財之前,你應該先找回最堅強的自己。**因為,唯有你的內在足夠充實,才能不被焦慮和急躁牽著走,做出最明智的理財決策。

人生中絕對要過濾掉的人

人生在世，總會有些人讓人避之唯恐不及，像是言行怪異的人、沒常識的人、愛虛張聲勢的人、總是愛占別人便宜的人。但我們的人生中，其實最該避開的是那種把「我就是土湯匙」[17]當成人生預設值的人。

💲 自認絕不會成功的負面心態

他們的「土湯匙心態」，動不動就把「我就出身不好啊」、

---

17 譯注：在南韓社會中，依湯匙種類劃分階級，從最高等的金湯匙、銅湯匙、土湯匙，再到最低階層無力改變現況的屎湯匙。

「我家就是沒背景不可能成功啦」掛在嘴邊。真的要避免跟這種人來往，他們把土湯匙當成免死金牌，把「家裡沒金礦」當成藉口。

他們會妨礙你的人生踏上康莊大道，原本盛開的花朵，但他們卻在一旁搞破壞，這種人根本就有毒。他們的性格特質，就是對任何事都抱持著否定的態度，充斥著不滿的情緒，好像對什麼事都不滿意，什麼事都有問題。所以他們永遠都處在不滿的心態，而且還會把負面能量感傳染給身邊的人，渲染力又超級強。

還有，他們的被害者意識跟自卑感非常強，不管你說什麼，他都覺得你是在針對他、攻擊他。無心插柳的一句話，他也能大發雷霆，連一點小事也反應過度。你如果靠過去，耳朵湊近一聽，還能聽到「咯咯咯……」的聲音。

那是他正在一點一滴啃食掉自我認同感的聲音。自我認同感低落的人，最喜歡把「出身貧寒」掛在嘴邊，這種說法反而會更削弱他的自我認同。即使他們看到朋友過得不錯，也無法真心祝福對方，表面上說著恭喜，心裡卻是羨慕到炸，甚至還覺得對方很討人厭。接著開始陷入「我在幹什麼」的思緒裡，拿自己跟朋友做比較，愈想愈氣，也愈來愈討厭自己。

有錢人看到親友買地，會真心祝福對方，還會互相交流買地的資訊；但土湯匙看到親友買地，只會忙著羨慕嫉妒恨。觀察一下你身邊有沒有會發出這種聲音的人，如果有，千萬不要靠近他們，他們真的只會對你帶來負面的影響。

💲 老是提自己沒有後台，是在推卸責任

成天把「土湯匙」掛在嘴邊的人，往往覺得自己完全沒有錯。**他們只有三選一，不是怪世界，就是怪別人，不然就怪父母**。把「我就是出身貧寒啊！」掛嘴邊也是一種推卸責任。成天抱怨自己是土湯匙，代表什麼？不就是在責怪父母讓你含著土湯匙出生嗎？（怪父母也是在怪別人）

你選錯父母了、你什麼錯都沒有，錯的都是父母？不是啊，哪個父母不想給子女全世界？只是他們沒有能力做到這件事，你又怎麼能去怪父母？沒有父母，你根本不會來到這個世界。他們光是把你健健康康的生下來，平平安安養大，你就應該要好好感謝他們了。現在年紀愈大就愈覺得怪罪外在環境，是最讓人瞧不起的行為。

● 感覺不幸，是因為總是和其他人比較

更重要的是，每天把出身不好掛在嘴邊，能改變什麼？你再怎麼怪罪父母，也不會對你的人生帶來任何改變。如果你想改變人生，不管你出生在什麼環境，都應該靠著自己的力量去翻轉人生。

如果你不滿意自己的身分地位，那就去思考該怎麼提升自己的格局，一昧的怨天尤人能改變什麼？ 邁向成功的路上這麼忙，一天 24 小時都不夠用，哪還有時間每天抱怨自己的出身。

近年來，每個人都說自己是土湯匙，但其實這些人裡面，有一半的人根本就不是土湯匙，只是不分青紅皂白，拿自己跟金湯匙作比較，然後就說自己是土湯匙。

當我們看著那些含金湯匙出生，生活過得很滋潤的人，難免會有羨慕之情；當自己苦苦掙扎好不容易存到錢，勉強買了一間房，卻看到朋友的爸媽直接送他一間房，還替他買了一台名車，確實可能感到嫉妒。

其實，我們沒必要去嫉妒過得比我們更好的人，說聲「哇～好羨慕」，然後就讓它翻篇吧！如果你真的很羨慕，就應該思考「要怎麼做才能變得跟他一樣」。努力一點，甚至像他們的父母一樣，讓你的孩子能夠含著金湯匙出生。

打造正確的理財和生活心態

想要擺脫不幸,最簡單的方法就是「不要拿自己跟他人作比較」,跟別人比,那是怎麼比都比不完的。事實上,韓國人很愛比較,一直比、一直比,比到最後,唯一贏的只有三星會長。崔仁哲教授在著作《框架效應》((Frame, 프레임:나를 바꾸는 심리학의 지혜,2019 年遠流出版)中曾說:「真正的心靈自由,是不再拿自己跟他人作比較。」

「人們最開心的時候,通常是不與別人比較的時候。像是開心的吃了一頓飯、跟家人共度假期、和朋友愉悅的聊天、閱讀的喜悅、投入自己喜歡的興趣……等等。這些事情本身就能帶來快樂,而且擁有得愈多愈好。

但只要『比較心態』開始從中作祟,那份真正的快樂就會消失。『別人好像很常去餐廳吃飯』、『大學生應該要讀一些深奧的經典著作吧』、『他們居然全家人一起去東南亞旅行』當你活在比較的框架裡,一切就變成了——只有『比別人多』、『比別人好』才值得嘉許。」

跟他人做比較,會妨礙你獲得真正的幸福。如果你想比,不如拿昨天的自己跟今天的自己比。如果「今天的你」都比不過「昨天的你」了,那還有什麼資格去跟別人比呢!

如果你堅持要跟別人比,不要盯著那些比你有錢的人,去

跟比你更認真生活的人比。這世界上，有很多人懷抱著比你更正向的心態，也更努力。他們其中也有不少人，日子過得比你好；但他們並沒有因為成功了就不努力，反而比任何人都還更拼命。

ⓢ 先成為你自己也想親近的人

湯姆・柯利（Tom Corley）在著作《改變習慣就改變生活》（*Change Your Habits, Change Your Life: Strategies That Transformed 177 Average People into Self-Made Millionaires*）中，整理出了白手起家的有錢人通常會有的六種習慣，其中一個是「和以成功為目標的人交朋友」。

他分析有錢人和窮人的人際關係，發現愈富有的人愈會跟積極進取、有明確目標的人交朋友。在一個新的場合，如果發現一位有很多優點的人，他們會付出時間和努力，想和對方拉近關係。「交什麼樣的朋友，會反應出你成功的高度」物以類聚是永恆不變的真理。

人跟人之間要彼此有共鳴，聊得來才能維持關係。如果頻率不同，就沒辦法湊在一起。如果你不喜歡某一種類型的人，

那就不應該成為那樣的人。**也就是說,「你不想親近的人」是「你不該成為的樣子」;而「你想親近的人」是「你應該成為的樣子」。**

想一想,你是別人會想親近的人嗎?如果你還在抱怨自己是土湯匙,那就別再抱怨了吧(只會把你身邊的好人都趕走)!努力去親近那些有目標、認真生活的人。人生很短暫,跟這些會為你帶來正面影響的人相處都不夠用了,何必浪費在負能量上。

存錢存到懷疑人生的時候

「我這麼省幹什麼?」

「這麼省就能變有錢嗎?」

「我要不要跟他一樣,想買什麼就買什麼?」

當你開始懷疑人生,恭喜你,你已經踏入節儉倦怠期了!省吃儉用的過程中,倦怠期是一個必經的關卡。你可能會想:「唉⋯⋯我這樣一、兩萬的省,到底是要享受什麼榮華富貴啦?」相信我,肯定會有實現的那天。現在享盡榮華富貴的人,也都經歷過這個階段。就這樣想吧──成功的人,每個都是吃苦過來的。

「現在的辛苦只是一時的,美好的未來和富足的老年生活,

是一輩子的！」

想著未來的回報，咬牙撐過這段痛苦的時期吧。

💲 寫下來，就會實現！

為什麼會出現節儉倦怠期？所謂的節儉倦怠期，是長時間過著節約生活，但自我意志力開始下滑的時期。**倦怠期的出現，是提醒我們要去重新檢視和重新設定目標的訊號。**

當人們朝著目標全力以赴的時候，根本沒時間想別的事，意志力也沒空變得薄弱。但若出現倦怠期，就代表目標不夠堅定，或者不夠迫切。那種「達成也罷、不達成也罷」的事情，不該被當作你的目標。

目標如果太過不切實際或不夠具體也不好，目標一定要很具體，而且可以被量化，否則就算你一開始很認真，也會中途迷失自我。目的可以是感性的，但目標必須是理性、量化的，而且目標不能只放在腦海裡，一定要寫下來。

想實現目標最簡單的方法，就是「把目標寫下來，每天看著目標，想像自己達成目標的樣子」。你要相信「寫下來就會實現」，一定要把目標寫下來。不管是要寫在筆記本、手機

的待機畫面、手機的背面，或者是用便利貼貼在書桌上都可以（這件事不用花你一毛錢，趁我還好聲好氣的時候，立刻給我去寫下來！）。

有些人會把自己理想的房屋平面圖，貼在筆記本的第一頁，每天看。以我為例，我每年都會在日記的第一頁，用粗筆寫下我的願望清單。2020年的時候，我就莫名寫了「買房」。

寫下這兩個字的時候，我真的毫無想法也毫無計畫。除了股票投資以外，我從來沒投資過房地產，只是抱持著「想試試看房地產投資」的心態，才寫下這兩個字。但驚人的是，那一年我真的買房了。

不是說，當你專注在哪裡，能量就會流向哪裡嗎？我不知不覺間，把注意力都放在房地產上面，幾乎每天無時無刻都在構思和學習。我每天都在提醒自己，我的目標是什麼，所以根本沒有時間經歷倦怠期。從那之後，我開始相信吸引力法則——「寫下來，就會實現。」

🟠 天天複誦目標、最簡單的自我激勵法

「金代理，有空聊聊嗎？」

打造正確的理財和生活心態

當年我還是代理[18]的時候，理事突然傳了一則訊息給我。不知道他找我有什麼事，我抱著緊張的心情，走進他的辦公室。理事突然問我，我的電腦密碼是什麼？

「我是直接在公司的名字後面加上數字和驚嘆號而已。」

假設我公司的名字是 Apple，我的密碼就是「Apple1!」，每次系統要求更新密碼的時候，我就會設定成「Apple2!」、「Apple3!」，只替換數字。結果理事卻說，我的密碼太沒意義了，**叫我把密碼改成自己的目標或座右銘**。我覺得這個想法很新穎，那天回到家之後，我立刻把筆電的密碼改成了「Youtube10000」。

因為當時我的 YouTube 訂閱人數剛突破一千人，我的下一個目標是「萬人訂閱」。公司電腦的密碼我也改掉了，我本來想改成「Make a day」，來表達「開心度過每一天」的意思，但系統要求密碼要包含「大寫＋小寫＋特殊符號」，所以我就改成了「Make 1 day!」。改完密碼之後，我每天上班打開電腦，心理都會莫名地湧上一股幹勁。

「好！今天也要開開心心的工作！」

---

18 譯注：韓國職場上的職稱。

除了電腦的密碼以外，我們還會在 Naver、Daum 之類的入口網站，和各種公家機構的網站設定密碼，而且經常使用。把這些密碼改成座右銘，真的是個好方法。理事長說，他看完了金勝浩會長的著作《思維的祕密》（생각의 비밀｜김승호 - 교보문고，暫譯），親自試驗過覺得有用，才推薦給下屬。

　　據說金勝浩會長在美國開第一間店的時候，就在地圖上畫 300 個圓點，他下定決心「要在美國開 300 間店」！與此同時，他把 Email 的密碼改成了「300 間賣場每週銷售破百萬」，每次登入都在提醒自己的目標，一天裡幾乎要默念數百次。

　　或許是因為，他全神貫注在這個目標上，所以目標實現的速度超乎他的預期，達成這個目標之後，他又把另一個目標設成密碼，繼續努力。金勝浩會長為了讓自己能夠充滿能量，實踐目標，還會把目標寫下來裱框，或者是印成海報貼在牆上。據說，不管是個人還是公司的新目標，為了要達成目標，這是他最先做的一件事。

　　回想起來，高中的時候，朋友們為了想考進位在首爾的大學，都會在書桌或筆袋上，寫滿「in 首爾」的字樣，就像是護身符一樣，堅定著自己「一定要考進首爾！」的意念，不斷為自己打氣。

成功人士共同的習慣是「設定目標，並努力提醒自己」，他們不只是設定目標，還會用各種方法調整周遭環境，想方設法提醒自己。他們的成功，靠的不是什麼偉大之舉，而是由這些微不足道的小事，一點一滴積累出來的成果。

堅持下去，成功終將到來

節儉很痛苦嗎？變成乞丐你會更痛苦。我們做的是「聚沙成塔」，但想像一下，如果連沙都沒有的日子，會有多痛苦，你反而還會覺得現在這樣比較幸福。既然都要存錢了，那就存得快樂一點吧！想像自己最後成為有錢人的樣子吧！也可以找到跟你處於相似階段的人，一起努力，為彼此加油打氣。有人陪伴，比單打獨鬥更有動力。因此，找到可以互相扶持的人一起，也是很棒的方法。

剛開始，我也很常懷疑人生。看著大家花錢花得很開心，我也會懷疑自己是不是很脫節。但一想到時間會證明，能夠一路笑到最後的人，不是那些揮霍無度的人，而是認真存錢的人，就又會找回動力。我一直很喜歡一句話──「比我更有成就的人，比我更願意去做那些自己不想做的事。」

成功人士通常都是經歷過艱辛的過程，最後才迎來了曙光。所以說，不管再累，我們都應該更有智慧、更聰明的去克服一切；現在的你，已經做得很棒了，只要繼續朝著目標前進，美好的日子一定會到來。

年輕就是最大的本錢

「找不到答案的時候,該怎麼辦?」

偶然間,我在社群媒體上看到網友提出這個問題。

「我已經 20 幾快 30 歲了,還沒有找到一份穩定的工作,也沒什麼擅長的事。我想乾脆去做自己喜歡的事,但我喜歡的事情,恰巧是演藝相關的工作。問題在於,我個人其實很追求安穩,但演藝圈卻不是穩定的產業,讓我非常焦慮。我不知道自己該不該選這條路,也找不到答案,該怎麼做才好?」

30 歲的我,看完這篇文章之後心想:

「換工作又不會死,就去試試看啊,幹麻在這裡瞎操心?」

還沒發生就在擔心,讓青春白白流逝,真讓人覺得可惜,

沒必要去擔心那些不會因為擔心而改變的事情。哲學家愛比克泰德（Epictetus）說：「讓人類焦慮的，不是事情本身，而是我們對事情的看法。」

產業不穩定只是一種臆測，不去嘗試，你怎麼知道？實際嘗試過後，搞不好根本不會這樣覺得。就算這個產業真的不穩定，你也可能因為太過滿足於這份工作，而願意承受這份不穩定。不去試試看，沒有人能說得準，只有經歷過後，才知道自己喜不喜歡。

2016 年我去日本大阪獨旅的時候，遇到一個來自慶南巨濟的女生。她比我小兩歲，當時大概是 24 歲吧？她本來是一位幼稚園老師，因為平時很喜歡攝影，因緣際會參加一場相機公司主辦的徵選活動，沒想到還得獎。多虧於此，她到首爾接受培訓，這也為她帶來契機，現在從事著節目攝影相關的工作。

「姊，我的薪水是用愛發電啊！」

她說，忙的時候兩天只睡了 4 個小時，身體累到不行，但還是很享受。她本來是幼稚園老師，但這份工作跟她很不合拍，每次去上班都很不快樂（幼兒教育系是在父母的勸說下讀的），現在雖然體力跟財務狀況都比以前更辛苦，但她卻感到無比幸福。所以說，親身嘗試過，你才會知道那是什麼感覺，

不管別人怎麼說，當你實際去做的時候，也許會有不同的感受。**人生中的所有事情，不親自體驗，永遠無法真正了解。**

💰 仗著還年輕，就去做想做的吧！

我的 YouTube 訂閱族群，大多是 20 幾歲的年輕人，他們經常在留言區寫下自己的煩惱，每次看到的時候，我都有些話想說。船靠岸的時候最安全，但船之所以誕生，並不是為了靠岸。**20 幾歲的年輕人，不應該在這個時候，為了思考自己的將來和職涯，在原地停留太久。** 未來的不確定性，當然會讓你感到心煩意亂，你也會因為擔心自己的將來而感到焦慮，我完全可以理解這種心情。

不過有一件事情，是 20 幾歲的你們應該知道的。光是還年輕這件事，就值得讓你每天都開心到不行了。不管是 20 出頭、25 上下、年近 30，你都比自己想像中更年輕。

「才沒有，我已經老了。」

別急，當年的我也不懂。但回過頭看，現在已經 30 歲的我，還是依然很年輕。23 歲的時候，我曾經遇見一位來自南美洲的背包客。他跟我說：「30 歲以前，就算你把所有一切都

打掉重練,也一點都不算晚。」當時的我完全不認同這句話,但現在的我完全懂了。

20 幾歲,是一個可以盡情徬徨的年紀。不管是徬徨、旅行、工作、不工作,所有一切都可以被原諒的年紀,可以說是「黃金期」,就盡情去嘗試各種事情吧。人家都說,就算是 30 歲,也還是可以全部砍掉重練,那 20 幾歲的你還要猶豫什麼?

年輕就是本錢,20 幾歲的你們,就是正值青春年華;從今天起就「仗著自己還年輕」,去做任何你想做的事吧!

ⓢ 與其煩惱,不如先做再說

如果有件事你正在猶豫「要不要做」,別想了,就去做吧。趁我還好聲好氣的時候,給我去做喔!**年紀愈大,綁手綁腳的事情就愈多。原因不出在年紀,而是因為你身處的「現實條件」。**等到了 30 歲、40 歲,現實的狀況真的會跟 20 幾歲差很多。

20 幾歲雖然已經長大成人,但其實某個程度,也還待在父母的保護傘下,但到了 30 歲就完全不同了。隨著我們長大,父母也同時在老去,所以我們得要回頭照顧父母,如果結婚的話,還需要考慮家庭因素,如果有孩子的話,還有育兒的責任

要扛。但是 20 幾歲的時候,我們幾乎不用為誰負起責任(雖然每個人的情況都不同,但大致上是這樣)。

20 幾歲是不需要猶豫,可以盡情挑戰任何事情的年紀,煩惱太久是最糟糕的選擇,**日以繼夜只知道煩惱的人,會一直待在原地;而那些付諸行動的人,早就已經出發去挑戰世界了。**

我個人很討厭思考太久,不管做什麼決定,我都會迅速並深入進行思考,然後做出結論。所以當我說「我要做什麼」的時候,就已經在做了;而當我說「我要去哪裡」的時候,我就已經在那裡了。

不要思考太久,想做什麼,隔天就開始著手。不要想著可不可以、我做不做得到、事情能不能成功,就去做吧,先做了再說啊,嘗試一下,不行就算了。怎麼了?年輕就是本錢啊。

正在為不知道喜歡什麼而煩惱嗎?

「我不知道我自己最喜歡什麼。」

10 幾 20 歲的人,偶爾也會遇到這種情況。沒關係,不知道自己喜歡什麼的人,本來就比知道的人還多;人本來就是終其一生,都在探索自己喜歡什麼。

現在已經是百歲世代,何必非得在 20 幾歲的時候找到答案?雖然有些人早早就知道自己喜歡什麼,就像是藝人,有些人從小就知道自己喜歡什麼,早早就功成名就。但這種人只占極少數,不要老是拿自己去跟這些人比。

不要再比較了,也不要把自己搞得悶悶不樂,還不如去積極尋找你喜歡什麼!就像是,如果想知道自己喜歡哪一道料理,就得先嚐過所有的料理才會曉得,人生也是這樣,**要多多去體驗,才會知道自己喜歡什麼**。

你不會因為什麼都不做,就忽然靈光乍現。愈年輕,對這個世界的偏見和成見就愈少,可以體驗的事情就愈多,這就是為什麼年輕的時候應該去大量體驗,而且這些經驗,還會再為你帶來新的經驗。

大學三年級,我用打工賺來的錢去歐洲背包旅行。靠著這次旅行的經驗,我成為韓國外交通商部的「海外安全旅行大使」,在參與這個活動的過程中,我認識了來自全國各地的大學生,又靠著跟我關係不錯的朋友介紹,參與更多其他的對外活動。

經驗會為你帶來其他經驗,這份經驗又會再為你帶來新的經驗。這些累積下來的經驗,都會將為我個人的底蘊和養分。

所以說，就算要玩樂，也要玩得聰明有智慧。如果你的玩樂毫無意義（喝酒作樂、躺在家裡滑手機之類的），那只是在浪費時間，不叫做玩樂。

時間很珍貴，我們的人生不會有第二次的 20 幾歲。當年我還是 20 幾歲的時候，也以為我一輩子都會這麼青春洋溢。但事實並非如此。充實這段珍貴的歲月吧！你想等到 30、40 歲之後，再為自己的 20 歲感到後悔嗎？還是你希望不要讓自己留下任何一絲遺憾呢？

等你 30 歲的時候，如果有人問你：「20 幾歲的時候都在做什麼？」你想怎麼回答？想在 29 歲的最後一天，為自己寫下怎麼樣的日記？以下是我 29 歲最後一天寫下的日記。

> 我知道有一天，我終將告別 20 歲的青春年華。這天真的到來了，驀然回首，才發現這段時間的每一天都如此珍貴。雖然遺憾，但未來 30 幾歲的人生，卻又讓我滿懷期待。20 幾歲的我，長大成人，不再仰賴父母的金援，我拼命讀書、打工、玩樂和旅行。
>
> 這也許是我們人生中最能做自己的時候吧，他們不再是父母，我也不再是個孩子，我們終於成為了「自

己」。我跟自己喜歡的人一起去了我想去的地方，在那裡度過了幸福又快樂的時光。我一直來都很感謝我的父母，還有我身邊的這些人。也感謝我能夠活出自己的人生，滿足於自己擁有的一切，還有我健康的身體和健全的心靈。

我之所以喜歡20幾歲，是因為20幾歲的我們，不需要「猶豫不決」。在這場人生旅途中，不管是旅行、工作、愛情，為了自己或幫助他人，我希望未來的我也能繼續毫不猶豫，堅定的活著。

接下來的30歲，依然要面對許多選擇和挑戰。但我希望，自己依然能夠孜孜不倦，成為一個熱愛世界的人。自由、獨立、懂得享受人生，就連爸媽的話也不要聽！我的父母從以前開始就一直說穩定最重要，成天「公務員」、「公務員」嘮叨個不停。

爸媽，我很抱歉，我從來沒把你們的話聽進去（我問過身邊的朋友一百遍，每個人都說我不適合當公務員，我也不懂爸媽為什麼這麼堅持）。

如果你想和我一樣，不留遺憾的過完20幾歲，在29歲的最後一天，心滿意足的告別青春，那就從現在開始，把你想做

的事一條一條寫下來。30 歲，真的就是轉眼瞬間就到了。

　　20 幾歲的時候，不要去追求別人羨慕的人生，而是要追求自己喜歡的人生。**你的選擇，就是你人生的答案，不需要看別人的臉色，也不用聽別人說三道四。**仗著年輕有本錢，活出你的 20 幾歲。青春不需要急躁，做你想做的事，把每天都過得充實又有趣，別讓人生只有一次的青春留下遺憾。

讓上班變快樂的祕訣

　　假如問 100 個上班族，應該會有 90 個人回答：「上班很無聊。」大家本來就是為了賺錢餬口才去上班的，不是嗎？所以說，大多數人都選擇在公司裡當個薪水小偷，領多少錢做多少事，然後想辦法在公司以外的地方尋找人生的樂趣。但就算這麼做，人生絕對不會變得快樂，因為我們大部分的時間，都在工作中度過。

　　如果在上班的時候行屍走肉，不管下班後有再精彩的興趣愛好，我們也依然不會感到心滿意足。把一天 24 小時拆開來看，8 小時用來睡覺，再花 8 小時上班工作，剩餘的 8 小時才是休閒時間（有些人會犧牲睡眠時間來增加休閒時間，也有人

打造正確的理財和生活心態

會用來加班)。這樣的日復一日,才能成就出我們的人生。所以,如果你的工作不快樂,**代表你人生有三分之一都在不幸之中度過。**

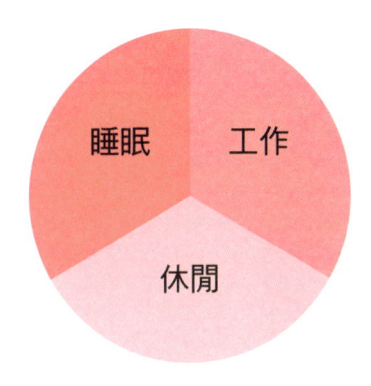

人的一生當中,有 1/3 的時間花在工作上。

如果扣掉睡眠時間,代表你醒著的時候,有一半的時間都很不快樂。而且前提是工作跟生活可以保持平衡,如果你工作的時間比休閒時間更長,代表人生有超過一半以上的時間都很不快樂。所以說,我們應該要讓自己在這個占據人生大半時間的職場上,能夠保持開心的心情。

不知不覺間,我已經是在沙場打滾 10 年的上班族了。對我來說,上班就跟上學一樣有趣。上學是靠著讀書學習,職場

則是邊做邊學，我發現學到的東西真的很多。學校要付學費才能去，公司卻可以邊領錢邊學習，從某方面來說，上班簡直比上學更幸福。我從公司的前輩身上學到——「享受」，是職場生涯最大的目標。

他總是把這句話掛在嘴邊——

「一起快快樂樂的工作吧，無論如何都要開心！**讓上班變得快樂並不難，說到底，關鍵就在於自己。**」

💰 祕訣 1：不要罵上司

總有一些人，上班的時候老是忙著咒罵上司。**如果這麼痛恨你的上司，不如把這些抱怨的時間，拿來準備換工作。**你罵的這位上司，之所以是上司，必定在某些地方比你厲害，所以才會坐在比你更高的位置上。

罵公司也一樣，你在什麼公司上班，代表你能力就在那。罵公司其實就是在打臉自己，根本就是自己到處宣傳：你的能力只能配得上這樣的公司。如果真的對公司這麼不滿意，還不如拿這些發牢騷的時間來提高自己的價值，跳槽去更好的公司；不然就閉上嘴，乖乖上班。

我們能做的事情只有兩種──改變現況或是改變自己。如果你覺得自己真的不適合這家公司，那就離職去其他公司上班；如果想繼續上班，就應該要滿足於現況。如果兩邊都做不到，硬要抱持著負面的態度繼續上班，那不如乾脆把這個位置，讓給想進這家公司卻進不來的求職者好了。

祕訣 2：別老是嘆氣

嘆氣雖然只是一個小小的舉動，卻會對團隊氛圍帶來負面影響。**嘆氣就跟打呵欠一樣，非常具有傳染力**；當一個人嘆氣，會連帶身邊的人也一起跟著消沉。辦公室不是你一個人的工作空間，就算你只是毫無意識、隨意地嘆了口氣，你旁邊的人也會開始思考：「他是不是遇到什麼事了？」

假如你跟另一個人單獨待在同一個空間裡，對方卻一直嘆氣，你作何感想？是不是也會跟著情緒低落？甚至還會想：「他現在是在不爽嗎？」我所說的嘆氣，不是為了緩解緊張而深呼吸，也不是鬆了一口氣的嘆氣，而是習慣性的唉聲嘆氣。有些人已經養成習慣不斷地嘆氣，這真的是最糟糕的習慣了！老是這樣天崩地裂般的嘆氣，小心連你的人生也一起跟著塌陷下去。

工作不順的時候,難免會嘆氣,但我發現我的同事們工作出狀況時,不但不會不耐煩,總是面帶笑容。我想這就是我們辦公室的氛圍總是那麼輕鬆愉快的原因,因為大家都會用笑容來化解困難。

　　有一種魔法,可以把不好的事情變成有趣的事情,這個魔法就是幽默感。

　　遇到不順心的狀況,不要對別人發脾氣,不如用譬喻法開個玩笑,如此一來,不只能緩解沈重的氣氛,反而還能笑著帶過。久而久之,不論發生什麼情況,你都能樂在其中,還會心裡想著:「我的職場生活又多了一則趣事可以講了。」

　　公司是很多人齊聚一堂、互相影響的組織,光是一個人,就能影響整體的氛圍好壞,我經常反思自己有沒有破壞整個團隊的氛圍。

　　不能因為家裡出問題,就把情緒帶到公司來;就算個人出了什麼不好的狀況,也不可以把憤怒宣洩在公司裡,這種行為不夠「專業」。想要在職場上過得順順利利,就必須懂得如何控制自己。想要待人親切,終究也得要自己的心情好、狀態好,才能把正面能量傳遞給其他人。

祕訣 3：感謝自己有一份工作

讓上班變快樂的方法，要從感謝這份工作開始做起：公司是一個值得感恩的地方，是一個能讓我賺錢的地方。以我為例，每個禮拜一早晨，經過公司大門的時候，我都會在心裡想著：「感恩我有這份工作。」

如果我們沒有工作，該怎麼辦？假如明天開始，你沒辦法再去公司上班了，下個月也沒有薪水，又該怎麼生活下去？如果還有嗷嗷待哺的家人，豈不就是出大事了嗎？

工作支撐著我們，讓我們可以過著安穩的生活。正因為你有這份工作，現在的你才可以跟家人、朋友一起共度時光，一起享受美食。所以說，如果你還想繼續工作，就別成天覺得工作很無聊，好好享受上班為你帶來的益處吧。

祕訣 4：在公司裡找一個未來想成為的目標

我認為，公司是一個可以讓我們遇見數十位，甚至數百位人生導師的地方。在公司裡找一位你想效仿的榜樣，如果怎麼

找都找不到,那就從不同人的身上各取所長,拼出你心中理想的模樣。

每個人都有優缺點,沒有人只有優點沒有缺點,也沒有人只有缺點沒有優點。拋開缺點,學習他們的優點就好了。試著學習每個人的優點,在效仿的過程中,你不但會有所收穫,隨著職場經驗愈來愈多,也會愈來愈成長茁壯。

想像一下,你在一家公司待了 5 年、10 年,甚至 20 年、30 年,假如這段時間你都沒有成長,等到要離開這家公司的時候,不就一無所有了嗎?那豈不是白白浪費掉人生中的一大段歲月嗎?就像我們努力不讓大學留下遺憾一樣,面對比大學更長的職場生涯,我們也應該好好享受,不留遺憾。

無痛開始改變生活的方式

「下班不就是要休息嗎？」

有些上班族，每天就是反覆上、下班，回到家就躺在沙發上，看著電視發呆然後睡著，隔天繼續日復一日，過著同樣的日常。到了假日就賴在床上，睡到很晚才起床。

很多上班族用「休息」來形容這些行為，但在我眼裡，這是過度休息，是一種典型的懶散。他們提不起勁、虛度光陰卻又硬是合理化自己的行為，認為自己在「好好休息」。這種行為其實就是在擺爛自己的身體

懶惰其實潛在於所有人的內心，每個人都會有無精打采、提不起勁的時候。但有的人可以克服這段短暫的低潮，有的人

卻一輩子都活在這種生活模式裡,後者就是所謂的「掉入了懶惰地獄」。

在電影《與神同行》裡,如果生前懶惰成性、虛度光陰、不努力過日子,就會掉進「懶惰地獄」。由於他們這輩子過得太懶散,所以死後要接受懲罰,必須在地獄裡不斷奔跑,躲避那些像輪子一樣、不斷滾來的的巨型圓柱。想像一下吧,如果生前不好好努力,死後才這麼疲於奔命,你會有多後悔?

🪙 提不起勁的時候,可能是健康的警訊

「我最近為什麼對所有事情都很不耐煩,都提不起勁?」

如果你開始有這種想法,你應該先懷疑是不是健康出了狀況。提不起勁乍看之下是心理出了問題,但仔細觀察,會發現這是因為身體故障所導致的現象。**身體跟心理是連結在一起的,身體狀態不好的時候,心情就會低落。**當你健康不佳的時候,就會掉入懶惰地獄之中。

如果不好好管理身體健康,肥胖會導致我們的身體變得遲鈍,身體一旦變得遲鈍,人就不想動了。因為不想動,體力就愈來愈差,最後身體跟不上心理,陷入了什麼都不想做的狀

態。如果你想爬出懶惰地獄，就快點讓身體動起來。

Covid-19 發生後，我有一陣子也都提不起勁來。下班後，坐在書桌前的我，克制不住自己的睡意，沒有辦法好好工作，不管睡再久都覺得很疲憊。

「聽說是因為體力不好才會這樣。」

公司的一位女性後輩說，她最近也遇到了同樣的問題並邀請我一起去游泳，試著培養體力。

「可是我不會游泳⋯⋯。」

「我也不會。但我們可以早上去學啊！」

完全不會游泳的我們，很乾脆的報名了早上 6 點的入門班。原本對我來說，7 點半起床上班就已經很痛苦了，卻變成早上 5 點 20 分就要起床去游泳，一開始真的痛不欲生。

光是凌晨睜開眼睛、要掙脫被窩就已經讓我筋疲力盡。但是後來我戰勝了這份痛苦，養成早起的習慣。不知不覺間，我的身體竟然會自己在清晨時分自動邁向游泳池。我成為不管下雨或是嚴寒，依然堅持去上課的少數學員之一。

當所有人都還在熟睡，天色依然昏暗的清晨時分，我獨自邁向游泳池。游泳讓我的身體發熱，甚至連原本冰冷的水都漸漸變得溫暖，游完泳、洗完澡之後，神清氣爽開始新的一天，

那種開心的感覺，真的難以言喻。游泳完全改變了因為疫情變得無精打采的日常，也讓我重新找回對生活的熱情。以前的我，是為了上班強迫自己睜開雙眼；現在的我，是開開心心的醒來，迎接健康的一天。

我本來以為早上運動完再去上班會很疲勞，但這麼做之後，反而讓我更想把事情做好，也能感覺到自己的體力變得愈來愈好。雖然我的睡眠時間減短了，但眼睛卻更炯炯有神，反而是在因為出差不能游泳的時候，身體會覺得很疲勞。

「原來我不是愛賴床的人？」

清晨游泳滿一年的那一天，我突然意識到這件事。原來早上晚起，只是一種會讓自己墮落的習慣；原來我不只是一個可以早起的人，甚至還能早起去運動。

找到有興趣可以持續的運動

「不管怎麼睡都還是很累。」

「累到沒力氣運動。」

即使睡 8、9 個小時，依然感到疲勞的人，其實是因為身體不好。他們把累當作藉口，逃避運動，卻不認為正因為他們

的逃避，身體才會愈來愈累。**運動可以讓老人保持年輕，但不運動的話，你就只是個年輕的老人。**

有運動習慣的人總是充滿活力，隨時充滿幹勁，而且規律的運動對荷爾蒙平衡有正面的影響。運動會用某種形式，帶領我們的人生朝向更好的地方邁進。有些人靠著運動，不只身體變好，還克服了身材上的自卑感，連整個人都變得更有自信。

即將因厭世和懶散而墮入懶惰地獄的年輕人啊！請儘快找到你喜歡的運動，並且持之以恆，養成習慣，現代人至少要找到一個每天都能做的運動。

在此，我想強調的是「持之以恆」。你必須持之以恆，才能改善體能，保持健康。**重點不在於拍一張健美照，而是長期健身，隨時保持著令人稱羨，健康又好看的身材。**運動不應該只做三個月或半年吧？找到一個你願意做一輩子的運動，把它培養成你的興趣。把運動當成興趣在享受，其實就是在幫你的健康買保險，這才是聰明年輕人的自我管理方式。

● 從每天 10 分鐘開始，定期保養身體

不需要做什麼很厲害的運動，如果實在抽不出時間外出運動，在日常生活中多活動筋骨也可以。早上醒來做個 10 分鐘

的伸展運動、走 5,000 步、不坐電梯改爬樓梯……等等,有很多可以利用空檔運動的方法。不論用什麼方法,重點是養成積極生活的好習慣,避免讓自己陷入懶惰裡。

我們為什麼要自我管理?就像屋主定期保養房子的抽水機一樣,這台機器的任務就是每天抽水上來,如果機器故障,家裡就沒有水可以使用,為了防止這種情況發生,屋主需要提前作好準備,隨時檢查機器,避免抽水機發生故障,同時他會先準備好備用零件,以防故障真的發生時可以修理。

我們之所以需要自我管理,也出於同樣的原因。一旦身體出狀況,我們便什麼都做不了。所以平常就應該保持運動的習慣,補充保健品,保養自己的身體。為了不影響日常生活或工作,必須時時刻刻讓自己的身體處於正常運作的狀態。

健康管理不應該是等年紀到了才要開始,愈年輕開始愈好。身體一旦垮了,人生就等於按下暫停鍵。就算我們靠著理財和投資,真的變成有錢人,但如果只能躺在床上,那有什麼意義?健康是最重要的,照顧自己的健康就是在賺錢。

💲 今年挑一樣食物，戒掉它

對健康有益又不用花錢的方式，通通都應該去嘗試。「戒菸」和「戒酒」就不用說了，像是「減少麵粉的攝取」這種只需要仰賴自身的努力，完全不用花錢的方式，也應該都去執行。我每年在寫願望清單的時候，都會在最上面寫下「今年要戒掉的食物」。

「今年不吃它！」選一樣食物，當成自己的「不吃挑戰」。 通常是從自己無意識吃下肚的食物中，挑選出對健康不太好的，下定決心今年絕對不吃它。當時我第一次挑戰選的就是碳酸飲料。

某天我在公司聚餐的時候，突然發現自己真的喝太多雪碧了。因為我不喝酒，所以乾杯的時候，都不自覺用雪碧替代；當下我甚至覺得自己還不如喝酒，至少酒精不是糖類。自從我下定決心要戒碳酸飲料之後，就改成只喝水。就這樣，那一年我真的成功了，一口碳酸飲料都沒喝。這件事也成了契機，後來我直接戒掉碳酸飲料，至今依然不喝。

神奇的是，因為一整年都沒喝，這件事好像成了習慣，後來也就不會想喝了。這個新穎的挑戰，其實是以前某次旅行的時

候,受到某位立陶宛朋友的啟發。她跟我同年,我們一起去吃飯的時候,她說目前正在進行「自主吃素計畫」,所以到明年生日以前,這個、那個和那些都不吃。

「自主吃素計畫?」

一問之下才知道,她每年生日都會進行一個為期一年的挑戰,今年的挑戰是「成為一位素食者」,所以到明年生日以前,她都只吃素。我覺得這是一個很棒的方法,所以我也跟著她開始進行挑戰(只是我是以新年作為基準點,而不是生日)。

從這個概念向外延伸,除了食物以外,**你也可以把對身體有害的習慣當成是目標,例如:「在廁所蹲很久」、「翹腳」之類的,也都可以放進「Not To Do List」裡,挑戰一年都不做這件事。**

習慣會跟著我們一輩子。不把壞習慣改掉,是讓身體隨著年紀走下坡的捷徑。我相信靠著這種「硬性規定」,努力慢慢改掉這些習慣,一定會對身體健康帶來幫助。

💲 不論選擇過什麼樣的人生，都不能忽略健康

所有的經驗和成功，都建立在健康的身體上。**就算你有一堆錢和時間，如果沒有健康的身體，依然很多地方去不了、很多事也做不到。**想到山上呼吸清新的空氣，也要有好的體力才能爬得上去；景點再多再美，也要有兩條健全的腿才能走到。

不僅如此，我們的未來充滿機會，如果沒有足夠的體力，也享受不了。夢寐以求的機會就在眼前，如果因為身體虛弱，只能放棄的話，哪還有比這個更大的遺憾？

我偶爾會對著月亮許願，不管是在祖先的墳前，還是吹生日蠟燭的時候，我的願望都一樣。我求的不是「要功成名就」或「變成有錢人」，而是真心祈求「我的家人和我身邊的所有人都能平平安安，永遠健健康康」。

只要健康，我們什麼都做得到。只要健康，我們可以賺很多錢，也可以功成名就。所以啊，一定要把身心健康擺在第一位，好好照顧自己！

阿婆姐姐碎碎念 ③

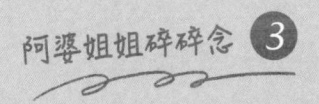

想太久反而走錯步

「早知道就做了。」

「早知道別做了。」

「早知道就買了。」

「早知道就賣了。」

千金難買早知道,但最近這種「早知道鸚鵡」卻愈來愈多。考慮半天,最後錯失良機,回過頭來又像隻鸚鵡一樣,碎念著他們有多後悔。「呵呵呵」[19]本來是笑聲,怎麼現在卻成為了後悔的狀聲詞了?我不懂大家為什麼要因為想太久,錯過可以讀碩士的機會;又因為想太久,沒送出申請就放棄了;或是因

---

19 譯注:原文的「껄껄껄」跟韓語文法中的「早知道」同音。

為想太久,導致股票由紅轉黑。是想讓自己的人生結束在各種後悔裡嗎?

磨磨蹭蹭,度過了一天、又度過了一年,最後人生迎來了終點。到時候的你,只會剩下自責與遺憾。我們為什麼會淪落成這樣,就是因為我們想太久了。在圍棋的世界裡,有句話叫做「想太久反而走錯步」,意思就是深思熟慮後,卻下了一步壞棋。

最理想的情況是,我們能在深思熟慮後,做出最合理、最完美的決定,但事實上,我們卻更常做出最糟糕的選擇。**因為同一件事想太久,容易讓人忘記原本的考量、注意力下降導致判斷力低落。**有時候光想就心累,最後乾脆「算了!不做了啦!」

圍棋裡有個術語叫做「讀秒」。比賽中,每個人都有時間限制,如果超過時間限制,就會開始進入讀秒的階段。「1、2、3、4、5、6……」必須在 60 秒計時結束之前,決定好下一步,否則就會直接輸掉比賽。

小時候下圍棋,總有些對手非得要等到最後一秒才肯出手(我國小的夢想是當職業圍棋選手)。我總是會在心裡吶喊:「別猶豫了,相信你的直覺吧。」人生的選擇也一樣,有的時

候聽從直覺，果斷行動，才是最好的決定。

　　無論身處什麼條件，人生都是一場必須走完的旅程，一旦開始掂量未來，就會沒完沒了。擔心還沒發生的未來，是最沒意義的行為。就像歌手崔子的《早知道鸚鵡》歌詞裡所說的一樣，如果你不想後悔，就別再猶豫「放手一搏」，猶豫不決只會導致你錯失良機。不管做什麼，都要抱持著「我一定能成功」的心態；即使你相信自己會成功，事情還是不一定能成功；但如果你不相信自己，成功的機率就幾乎為零。

　　要相信自己有能力做得到，成為自己的信徒。相信我的人，只有我自己。相信自己，然後勇往直前，這樣的人生才不會留下遺憾。

打造正確的理財和生活心態 **3**

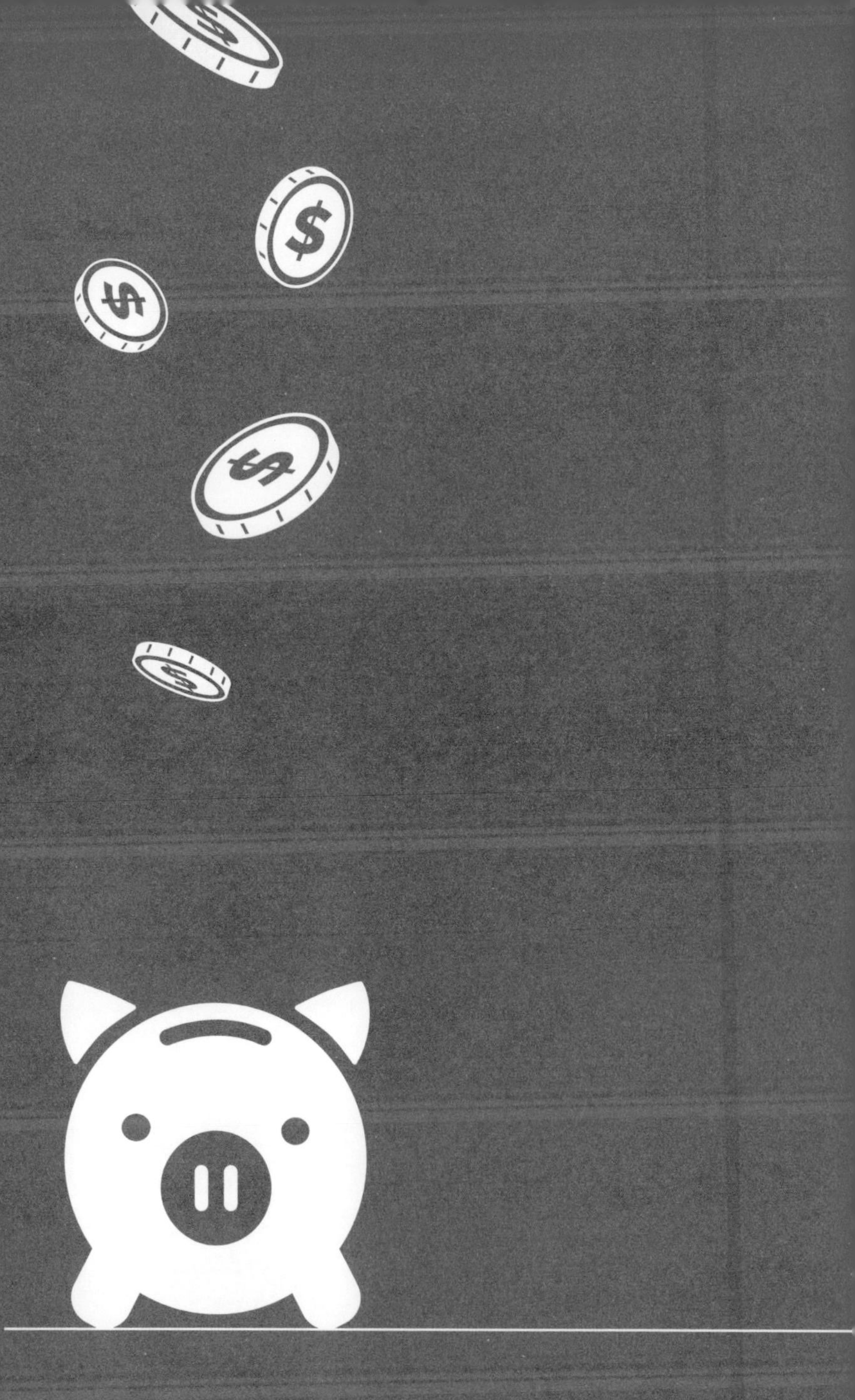

第 **4** 章

不花大錢,也能擁有高品質的生活內容

比起長長久久，更想活得「豐豐富富」

「我不想活得長長久久，我想活得豐豐富富。」

這句話出自於我的前主管，他現在已經跳槽去別家公司了。當年還是組長的他，總是不斷的在嘗試和挑戰，我們聚餐的時候，更常聊人生的話題。他說：「人生重要的不是長度，而是密度。」**重點不是活得有多久，而是人生的密度有多高，這樣才算是「真正的」活著。**

我非常認同。比起長壽但空洞的人生，有些人雖然生命短暫，但卻留下非凡的成就，相較之下，我認為後者更有意義。我剛入職的時候，就在工作手冊的第一頁寫下了一句話。

> Some people die at 25 and
> aren't buried until 75.
> (有些人早在 25 歲就已經死去，
> 只是拖到了 75 歲才下葬。)

這句話出自於班傑明‧富蘭克林（Benjamin Franklin），他不只出現在 100 美元的紙鈔上，同時也是美國國父，意思是「這世上有太多人像行屍走肉般的生活著」。25 歲剛進公司的我，不想一踏入社會就名存實亡，所以才立下這個決心。

我希望任何時候，都能感覺自己「活著」。年紀隨著歲月增長，只是肉體的上的生命延續，真正的人生，應該要充滿各種豐富多采的體驗。如果說「活得有意義」才叫做人生，那現在的你是活著的？還是已經死去了？

什麼經驗才能提高人生的密度？

我喜歡透過經驗來感受自己真的活著，人生的光譜愈寬，愈能感覺自己變得更成熟。柳時和是一位旅行家，也是我很喜

歡的詩人,他在散文《好壞誰知道呢?》(暫譯)中曾說:

「能夠依照自身的經驗懂得如何分辨真假,比聽從人和建議都更有價值。靠著自己的經驗,建立起自我判斷力的人,不會把人生浪費在他人的質疑或絕望的深淵裡。」

我非常同意這段話。人生的內功來自實戰經驗,沒有經歷過就無法深談。

經驗豐富的人,擁有的是高密度的人生,即使年紀相同,經驗更豐富的人,能更快領悟到事情的真理,不管是經驗是好是壞,我們都應該去多多體驗。**人生如果只有好的經驗,雖然值得高興,但壞經驗也會替我們上一課,所以最後也不算壞。**不挑食,均衡享受著各種經驗的人,才懂得如何愛這個世界。對他們來說,宇宙萬物都是遊樂園。

我們總是在不斷試錯中,慢慢學會更多的事情。遇到問題的時候,我們會詢問長輩或父母的意見,也是因為我們認為長輩活得比我們更久、犯過更多錯也累積更多的經驗,具備更多的人生智慧。

什麼經驗才可以提高人生密度呢?最近一項針對年輕人的調查顯示,有 72.7％的受訪者認為:「去吃高檔餐廳、無菜單料理,可以拓展自己的人生經歷。」

不花大錢，也能擁有高品質的生活內容 **4**

　　聽說近年來，MZ 世代把去度假村、無菜單料理和高檔餐廳‧當成是人生的必經之路。竟然把這種消費當成「人生經驗」，真是令人吃驚。在我看來，這只是拿「體驗」當藉口，實際上只是想滿足虛榮心。

　　又不是要開一間餐廳，去吃高檔餐廳對人生有什麼幫助？這種東西不能被稱為經驗。只要有錢，人人都能去這些地方，不要把這種行為當成「人生經驗」，四處炫耀。

　　真正的經驗，凌駕於消費之上，會為我們帶來頓悟，或者增加我們的知識與技能。特別是在遇到困難或逆境時，永不放棄、勇敢對抗、堅持到底的經驗；或是那些失敗受傷，依然不願屈服繼續挑戰，最終實現目標的經驗，這種透過「克服」所獲得的「成長」，才是真正應該重視的經驗資產。

　　去哪裡消費過，絕不是什麼值得炫耀的事。「我經歷過這種事！」「我克服了這項困難！」「遇到這種困境我還是熬過來了！」這些故事才真的值得驕傲。我希望 2、30 歲的年輕人都能成為大人，懂得喜歡上這種「如假包換的經驗」。

💰 去體驗「大家都經驗過的事」，只是跟風罷了

　　人有的時候，也要學會享受挫折，經歷過低谷，成功的故事才會更加耀眼。人生近看是悲劇，遠看是喜劇。當你能退後一步、用第三者的角度看待自己的事情時，**總有一天，挫折會成為可以笑著說出口的故事。**曾經痛苦過的經歷、曾經受挫的經驗、曾經撐過去的那些時刻，全都是值得珍藏的寶藏。凡是沒把我們打倒的事情，都會使我們更強大，因為這份「堅強」會鍛鍊我們的人格。

　　經驗愈稀有，人生的濃度就愈濃厚。與其走那些大家都走過的路，走過一條別人不走、變化莫測的道路，才能擁有值得寫進自傳的故事。找工作的時候不就體會過了嗎？只有獨一無二的經驗，才能豐富我們的自傳！

　　大家都有的經歷，是平淡無奇的，當你說自己去了一個社群媒體上大家都已經刷到爛掉的地方，一點也引不起別人的興趣。比起跟風，不如去多體驗一些獨特又新奇的經驗。去別人不去的地方、吃別人不吃的東西、做別人不做的旅行，這才是有「廣度」和「深度」的人生。

興趣和愛好，會增加人生的可能性

我在 2019 年 12 月的上海旅行之前，想提升自己的中文會話能力，於是找了中文家教。每個禮拜一次下班後，與中國籍的老師約在咖啡廳進行 2 個小時的會話練習。當時我利用下班後閒暇的時間學中文，在 2018 年就已經考到 HSK 4 級（漢語水平考試）了。

對我來說，學中文就是一種「興趣」而已。因為除了中國以外，世界各地的每個國家都有很多使用中文的人口。我當初之所以學中文，只是覺得旅行的時候，能用來交個朋友就好了。但某一天，老師突然說了一句金句：

「不要只把中文當興趣，認真學學看吧。」

他的意思是，不要因為把學中文當興趣就太過隨性，既然要學就認真學。如此一來，花相同的時間學習，卻能獲得更好的效果。

　　「認真學中文，哪天等妳中文變好了，搞不好還可以兼職當口譯，興趣也可以變現啊。人要有一技之長，人生不是彩排、而是直播，就算明天失業，你也要有個可以養活自己的本事。不管是什麼本事都可以，如果你很會開車就去當司機；如果很會做菜，就可以開一間餐廳。」

🅢 如何把興趣變成你的武器

　　這些話，讓我頓時醒悟。從那時候開始，原本只把學中文當成興趣的我，態度開始轉變了。如果只是隨便學個 10 年，興趣依然就只是興趣；**但如果認真學了 10 年，興趣似乎也能變成職業，還能變成「專業」。**

　　興趣，其實最能體現出一個人的特質。如果你能長時間投入自己喜歡的興趣，興趣也許能夠成為代表你的一種象徵，甚至會成為一種「個人品牌」。隨著愈來愈多人在網路上盡情分享自己的興趣，也愈來愈多人開始積極接觸不同的興趣，因此

不花大錢，也能擁有高品質的生活內容　4

誕生了非常多的網紅。

現在這個世界，只要你好好發揮興趣，人人都能成為「名人」。一位跟我關係很好的後輩，也是在閒暇時間做自己喜歡的事情，把它當成副業。她的本業是銀行行員，不過平常是一位熱愛復古風的少女（她甚至自稱為「復古風女神」）。

她按照自己喜歡的風格，把家裡改造成復古咖啡廳，完全只是為了自我滿足、讓自己感到幸福。某一天，她突然希望也讓別人看看，於是她開始拍攝家裡的各個角落上傳到 Instagram；不管有沒有人按讚或留言，她都持續分享著這些照片。

她不斷地思考，要怎麼拍才能拍得更漂亮，慢慢的，她在小物擺設、相片構圖和後製調色上，愈來愈上手。這個過程太有趣，以至於她完全忘記時間的流逝，不論是平日的凌晨或是週末的早晨，她都在裝飾自己的房子，一點也不覺得累。持續經營好幾年後，她的按讚數增加了，追蹤人數也愈來愈多，不知不覺間，她成為品牌合作邀約的名人。

她說，比起以前默默把這件事情當成興趣，現在能跟更多人分享這件事，他反而覺得更幸福，也更有成就感了。她本來只是因為真的喜歡，才開始享受這份興趣，沒想到這份喜歡引起其他人的共鳴，吸引與她有共同喜好的人。

💲 帶領自我不斷成長的興趣

大部分的上班族都覺得，禮拜一到禮拜五過得超慢，但週末卻是轉眼即逝。如果你可以在平日享受自己的興趣愛好，你會發現平日也過得很快。我開始拍 YouTube 之後，真的感受到了這件事。我就是把拍 YouTube 當興趣，最後意外成為 YouTuber 的案例。

剛開始我只是覺得，下班後沒事做很浪費時間。我沒告訴家人也沒告訴身邊的朋友，就自己慢慢每週上傳一支有關理財和自我成長的影片。沒人看也沒關係，每當我完成一個個自己親手做的企劃，上傳到 YouTube 的時候，都會有滿滿的成就感。

「原來這就是創作者的日常嗎？」

我體會到了，完全不需要任何材料，只靠自己的腦袋就能產出作品的感覺。我把目標設定成「週更」，原本閒來無事的平日，也跟著忙碌起來。挑選主題、搜集資料、寫腳本、攝影、剪輯到影片上傳，五天的時間根本不夠用。

因為時間不夠用，我變得愈來愈投入。上班的時候卯足全力做好公司的工作，下班之後我就會化身成「阿婆姐姐」開啟我的第二份工作。三年過後，我不知不覺間成為了 18 萬訂閱

的 YouTuber——事情這下鬧大了。

隨著訂閱人數激增，我開始產生莫名的焦慮感。但我堅信，我擁有的知識和價值觀，可以對很多人帶來正面的影響。每當有人留言同意我的論點，向我表示感謝的時候，我都是既驚喜又欣慰。最重要的是，能在公司以外的地方感受到自己存在的價值，真的很棒。

⑤ 斜槓之後，人生更豐富了

有了「阿婆姐姐」這個雙重身分之後，我的生活變得跟原本的「上班族」人生，完全截然不同。不隸屬於任何單位底下的我（個體戶），收到很多公司的合作邀約。多虧於此，我人生第一次上電視也錄了廣播，還見到我從大學時期就很喜歡的 EBS 英文老師 Shiny。

我感覺自己踏入了一個上班族未知的新世界。跟其他 YouTube 頻道合作拍片的時候，因緣際會跟其他創作者有了交流，關係也愈來愈好。我的身邊沒有人跟我一樣，有著雙重身分，所以遇到同樣是 YouTuber 的他們，真的有很多共同點，聊起來也很開心。

此外，當我踏入了新的領域，拓展出不同領域的新人脈後，也遇到會想一直保持聯絡的朋友。隨著 YouTube 影片的點擊數愈來愈高，我也開始透過 Google AdSense[20] 獲利。上班族不管創造再多銷售額，薪水都是固定的，但這筆收入不同，我做得愈多，就能賺得愈多。

　　這種成就感，跟領薪水的時候不一樣。如果有稍微靠著興趣賺過外快的人，應該都能體會。**剛開始沒有特別的意圖，只是因為感興趣，所以付出了真心，結果錢竟然自己找上門來。**

　　我身邊有很多這種例子，其中最具代表性的是我的父親。他很喜歡圍棋，已經下了 25 年，只要有時間就在下圍棋。他最常來往的朋友，全都是圍棋聚會的成員。有的時候，週末他們會一起去參加圍棋比賽，他每次參加都能贏得 35 萬韓元的獎金。每當這種時候，我都在想：「我們家爸爸這幾年的圍棋沒有白下啊。」他下棋不是為了賺錢，是因為真心喜歡而且持之以恆，所以錢自然而然流了進來。

　　「當你專注於提升內在本質、創造價值，錢自然而然會被你吸引而來。到時候，即使你不想賺錢，也會處在一個非賺不

---

[20] 譯注：由 Google 設置的廣告計畫，會員可以利用 Youtube 流量和 Blogspot 功能置入廣告服務，以賺取佣金。

可的狀態。」這是朴智恩（音譯）作家《Digging》一書裡的一段話，我非常印象深刻——「當你專心挖一口井，堅持到底，水必定會湧泉而出。」

「興趣」，讓生活變得更豐富

建議各位在專心從事本業的同時，也可以去挑戰其他領域，不管是進修或是興趣都可以。然後，既然已經要探索了，希望你們可以留下紀錄，別讓這個過程白白流逝。如果你也想跟我一樣嘗試經營 YouTube，我會建議「先做再說」。

我也不是因為自己多厲害，才開始經營 YouTube。我的身邊有很多沒做 YouTube 的人，也比我更厲害、更優秀，你們肯定也是這樣。

YouTube 這個字，是由 You（你）和 Tube（映像管）所組成，上面有各式各樣題材的內容——運動、料理、教育、體育、旅行、時尚、美妝、遊戲、音樂、電影、娛樂……等，多到不行。只要從中選擇你喜歡的主題，堅持一年以上，肯定會獲得有意義的結果。

別想著去複製別人成功，選擇你喜歡的、你擅長的、對你

來說最重要的題材。如此一來，你才能激勵自己，長時間堅持下去。

　　興趣愛好就像是遇見另一個宇宙，一旦踏入新的興趣，你才會看見你以前不曾知道的新世界。對新領域了解愈深，感受到的樂趣就愈多，再隨著年齡的增長，我們的人生將會變得愈來愈精彩、愈來愈豐富。

　　從這個角度切入的話，**培養興趣愛好，是一種「精神層面的退休規劃」**。如果退休之後，你依然有想做的事，還有一份可以持續享受的興趣，還有比這個更富饒的退休生活嗎？

假如這世界是一本書

　　我有一個非實現不可的人生目標——環遊世界。我不覺得環遊世界一定要辭職一口氣做完,「分段去」不就好了嗎!所以我利用在職時的休假機會,進行我的「拼圖式環遊世界」。

　　雖然我去過的國家愈來愈多了,但我的人生清單是「蒐集100個國家的印章」,現在離目標還很遠。人生清單的英文是Bucket List,這個字源自於「kick the bucket」,意思是「死亡」,據說這個片語的起源,來自於中世紀執行絞刑時,會把犯人腳下的桶子踢開。

　　2008年由傑克・尼克遜(Jack Nicholson)和摩根・費里曼(Morgan Freeman.)主演的《一路玩到掛》(*The Bucket List*)上

映後,這個詞現在已經演變成「死前一定要完成的願望清單」了。電影裡,兩位死期將至的主角被安排到同一間病房,他們一起列出一份人生最後一哩路的願望清單後,逃離了病房,逐一實現他們的願望。看這部電影時,我在想:「如果換成是我,我會怎麼做?我應該也會拿起背包繼續旅行吧。」

我在旅行的過程中,體悟到最幸福和的時刻,是到一個沒有人認識我的地方,遇到新的人、體驗新的文化,我感受到「完全的自由」,獲得了從零開始的感覺。因為不管遇見誰,我和他都是素昧平生,所有的一切都是正向的(+)。對我來說,旅行的美好就是可以清空自己,然後用滿滿的正能量填補回來。

ⓢ 探索自我的旅程,改變了我

如果人生是尋找真實自我的旅程,那麼旅行就是學習人生的過程。旅行的時候,無時無刻都像在照鏡子,逼我正視自己,發現很多過去我所不認識的自己,然後我發現,探索自我的旅程改變了我。奧地利的旅行專欄作家卡特琳・茲塔(Katrin Zita)在著作《我獨自旅行的理由》(暫譯)中,講述了她 7 年來獨旅 50 個國家的感悟。

「所有的旅行,都留下了永生難忘的回憶。美不勝收的風景、親切或不親切的人們、無憂無慮四處閒晃的回憶、被愛與幸福的瞬間⋯⋯等等,光是這些,就足以讓我們的人生變得豐富多彩。

但是一場真正高品質的旅行,可以改變人生。它讓我們回到家後,開始努力讓自己的生活變得更好,也開始想照顧自己以外的人。雖然沒有偉大到可以改變世界的程度,但可以肯定的是,旅行為我們的人生帶來了更多的喜悅與勇氣。」

旅行回來後,我們肯定會以某一種形式發生變化。就我個人而言,充實的完成一場旅行後,我在日常生活上會變得更有活力。我不只變得更有自信,上班也變得更有動力了。這就是「只去花錢的旅行」和「超脫金錢,有所收穫的旅行」之間的區別。

出國不是為了跟別人炫耀,也不是為了在社群軟體上傳度假的美照,而是為了用嶄新的視角,觀察這個世界。從經濟的角度來說,旅行是百分之百的消費行為,但是旅行不該成為人生的「赤字」,而應該成為我們的「資產」。

💰 為什麼我如此熱愛旅行

旅行可以幫助我們告別熟悉的事物，有意識的把自己放到一個全新的環境裡。每當我發現自己在適應一個陌生的地方，我就會感受到人生的喜悅。從第一天花一堆時間找路，漸漸開始不用看地圖也熟門熟路，接著慢慢開始認識其他旅客和附近的居民，甚至後來，我會造訪喜愛的小餐館兩、三次，開始感覺自己真正「融入」了那個地方。

出發之前，讓我期待的是那個國家的風景或美食嗎？不是的。更讓我期待的是「這趟旅行我會遇到什麼樣的人？」

我的 MBTI 類型是 EST「J」[21]，但只有一件事我不會去計畫，就是旅行。我不喜歡安排太詳細的行程，反而喜歡到處亂走，因為你沒辦法預料到你會在旅途中遇見誰。

旅行是可以和各式各樣的人無限交流的絕佳機會，跟素昧平生的人聊天，總是令人耳目一新，尤其是聽見來自不同背景的故事，往往可以獲得新的啟發。因此，旅行的時候，要盡可能和別人交流。

---

[21] 譯注：在 MBTI 性格測驗中，ESTJ 類型最具組織性和決策能力，喜歡制定目標，是天生的領導者與管理者。

新知識或新刺激，往往來自於那些我們平常不會交流的人。如果只跟日常生活中相同生活圈的人聊天，很難獲取新的養分。但旅行途中，當我們跟不同職業的人偶然相遇，談天說地的時候，就會接觸到我們平時不感興趣的領域。哪怕只是懂一點皮毛，只要把它輸入腦海，下次遇到其他新朋友的時候，就能拿來當作開啟話題的媒介。漸漸的，你會愈來愈享受跟別人聊天的感覺。

隨著年紀增長，我的旅行也愈來愈成熟了。20 幾歲的時候，旅行是為了拍下風景；30 幾歲過後，我追求旅行中的經驗值。每次旅行，我都盡量去體驗新的事物。例如去年夏天去馬來西亞的時候，我參加了三種不同的健行活動，有國立公園健行、夜間健行跟溪谷健行。今年夏天去印尼旅行的時候，我也去了火山健行。也就是說，即使只是「健行」這個項目，我也持續在尋找還沒體驗過的新主題，勇於挑戰它。

我最喜歡的旅行方式，是「自討苦吃」的背包客模式。**旅行不應該等腿走不動了才去，而是心動的時候就該出發。**豪華旅行只要有錢就能去，但背包旅行靠的是雙腳的力氣。年輕人啊，趁你還年輕，多多去背包旅行吧！就算辛苦，也要去追求獨立且自由的冒險。別挑那種所有設備一應俱全的地方，選擇

那些有點不方便的旅行吧！只有吃過苦的旅程才會帶來最難忘的回憶。

即使跌跌撞撞，也要懂得享受會讓自己成長的旅程。在你還能吃苦的時盡量吃苦，等上了年紀，想旅行都有困難。10年前我曾經在菲律賓來一場三天不睡的巴士旅行，但現在光想就覺得累。

人生在世，旅行絕對不能拖，要趁著年輕多去走走。隨著年齡愈來愈大，交通工具不但要方便，住宿也得舒適，相對的旅費也會變高，因此大多數的行程，也變得都得仰賴旅行社的套裝行程。

旅行時，用當地人的方式生活

過去 15 年來，我已經去過 28 個國家、53 個城市。人們時常問我：「妳怎麼能用這麼低的預算，把旅行安排得如此豐富？」2021 年我在 MBC 的電台《盧仲勳的旅行的滋味》受訪時，盧仲勳作家也問了我同樣的問題，當時我的回答是「徹底變成當地人就行了」，還引起不少共鳴。

這句話顧名思義就是不要當一位觀光客，要成為當地人、

融入當地。旅行的時候，身上絕對不要掛著昂貴的金飾，昂貴的衣服、包包、飾品也一樣。打扮得大富大貴，並不會為你帶來任何幫助。像我個人，為了融入當地，連衣服都直接去當地的市場買，誇張的是，我還曾經被當地人問過路。

像個當地人一樣，才能減少旅行中的浪費。最好的旅行方式是拉近跟當地人的距離，我每次旅行的時候都會設定目標，要求自己「交10個朋友」。所以旅行途中，只要一有機會，我就會鼓起勇氣先跟對方搭話（但是近年來，韓國文化在國際上大受歡迎，隨著大家對韓國人愈來愈有好感，我也經常遇到當地人先來跟我搭話）。

跟當地人交朋友，就有機會發現觀光客不知道的隱藏景點。比起觀光客常去的名店，當地人常去的店價格通常更便宜，又更好吃。跟當地人一起旅行，還能體會到當地的娛樂文化和生活方式，這些是非常有價值又有趣的經驗。

英文固然重要，但可以的話，要盡可能去學習當地的語言；會說當地的語言，就能拉近跟當地人的距離。2022年夏天，我去土耳其旅行的時候，從來沒有用「Hello！」打過招呼，而是把土耳其語的「Merhaba！」掛在嘴邊。

當地語言說的愈多，會給人一種在當地待了很長一段時

間的感覺，也更有利於殺價。當時我在土耳其，看到路邊貼著的傳單寫著 50％「Indirim」，才知道這個字是「折扣」的意思。後來在某家小店結帳的時候，我雙手合十，跟老闆說「Indirim～」結果老闆笑著給我優惠價。

在餐廳需要濕紙巾的時候，我不講「Wet tissue」，而是說了「Islak Mendii」，結果對方一口氣給了我 8 張濕紙巾，可能是店員覺得我很特別，所以蠻開心的吧。不管去哪裡，都要稍微「裝懂」，這樣至少不會被當成觀光客，被亂敲竹槓。去旅行的時候，省錢雖然重要，但更重要的是錢不能被偷、不能被騙、不能被扒。

比起飯店，我更推薦各位住在青年旅館或 Airbnb（共享住宿），特別是青年旅館，是背包客交流資訊很活躍的地方。因為外國人長期旅行更追求旅途的 CP 值，我可以從比我早抵達當地的旅人身上，打聽到實用的旅遊資訊。而且青年旅社跟 Airbnb 還可以自己下廚，在外食物價較高的國家，若能買食材回來煮個一、兩餐，不只可以節省餐費，還能一窺當地的超市文化。對我來說，在當地買菜是最有趣、最開心的體驗，所以我都會選擇附近徒步就有超市或便利商店的住宿。

我喜歡在城市裡到處遊走，所以旅行的時候一定會穿舒適

的鞋子。只要 30 分鐘以內會到的地方，我一定都用走的去。除了可以節省交通費用以外，還能立刻熟悉這個陌生的城市。比起坐車走馬看花，靠著自己的雙腳，才能發現連街頭巷弄裡的各種小細節。

接下來，想跟大家分享我這幾年來的旅遊經驗以及專屬於我的「旅行小祕訣」，它們不只能豐富旅程，還能讓旅行變得更印象深刻。

打造專屬於我的旅行方法 1：旅程中循環播放同一首歌

在旅行的過程中，不斷重複聽同一首歌，打造「城市 BGM」（background music）是讓旅行變得印象深刻最有用的方法。出發旅行的前第七天，我會開始挑選這次旅行要聽哪一首歌。

挑選的方式就是選一首你最近喜歡的歌，從旅行開始的第一天到最後一天就只聽這一首歌。如此一來，等你回到國後不管經過 5 年還是 10 年，你依然會想起當時的那場旅行。前奏一下，你就會感覺自己好像瞬間移動到當年的場景，留下一輩子的回憶。

💰 打造專屬於我的旅行方法 2：
旅途中隨時做筆記

隨身攜帶一個小冊子，或是簡單的記錄在手機裡。不用像日記一樣、要等到夜晚時分找個地方坐好才寫，而是在旅行的空檔裡隨手記錄的筆記，像是登機、等公車、坐火車、在咖啡廳休息的時候，隨時都可以寫。

把旅途中的所有情緒、當天的天氣、跟你擦身而過的人、和其他人交流時的感受，一五一十的記錄下來。當我開始這麼做之後，我每去一趟旅行就會誕生出一本遊記。人人都說，旅行後只會留下幾張照片，但如果真的只剩下幾張照片，那未免也太可惜了。圖片或影片很生動，雖然也很好，但它們只能記錄下我的視角，卻無法記錄下我每一個瞬間的想法。

💰 打造專屬於我的旅行方法 3：
買個小紀念品回家

在當地買一個紀念品回家。我喜歡讓旅行的痕跡留在我的空間裡，通常會買一些可以掛在包包上的小掛件，或是能放在

身邊的小型紀念品。

　　磁鐵是一定會買的紀念品。旅行的最後一天，我會挑選每個城市裡我印象最深刻的地方，把印有當地圖樣的磁鐵買回家。我會挑一些有意義的磁鐵，像是在當地結識新朋友的地方、美到令我出神的風景、還想二訪的地標⋯⋯等等，把它們貼在屬於我的空間裡。每天看見這些磁鐵，就彷彿能聞到當地的氣息。那些磁鐵裡，藏著只屬於我的故事。

翻開名為「地球」的這本書

　　假如這世界是一本書，一直待在自己的國家，就像是一直看著同一本書的同一頁。韓國雖然是世界排行第 13 名的經濟大國，但就地理位置來說，韓國在地球儀上，卻是要轉好大一圈才找得到的一小點。

　　我無聊的時候，很喜歡逛 Google 地圖，到處放大每個國家。那些我還沒到訪過的國度，跟我生活在同一個時空當地居民，在過著什麼樣的生活呢？只要一想像我能走進他們的生活，我就感到無比好奇。

　　世界這本書，只讀一頁的人跟讀了好幾頁的人，生活的深

度肯定不同。我們只是地球上短暫的訪客，如果想成為一位特別來賓，就應該不留遺憾，在四處留下足跡！

好好整頓人生的方法

　　我這一輩子很少長時間堅持做一件事,但有一件事,過去 8 年來一天都沒間斷過——就是寫日記。我的日記本,不知不覺間成為了「我最心愛的寶物」,它總是被我放在書桌的一角,伸手就能拿到。睡前打開日記,坐在書桌前跟自己好好對話,為一天劃下句點,是我一天當中最喜歡的一段時間。

　　寫日記可以幫助我整理思緒,雖然日子其實每天都差不多,但我的感受卻每天都不同。我很喜歡規劃事情,腦子裡常常裝滿各種煩惱,但又不喜歡長時間糾結在同一件事情上,所以我每天都會在日記上傾訴自己的煩惱。也就是一種思緒外包(outsourcing),只要腦中出現複雜的想法,就立刻委外處理。

提出「一萬小時定律」的丹尼爾・列維廷（Daniel J. Levitin）在《過載：洞察大腦決策的運作，重整過度負荷的心智和人生》（*The Organized Mind: Thinking Straight in the Age of Information Overload*，2024年鷹出版）一書中提到：「把大腦的負擔外包出去。」不要把想法儲存在大腦裡，要把它們寫在紙上或記錄在手機之類的「大腦外接硬碟」上。如果不這麼做，大腦會一直反覆思考相同的資訊，進而消耗掉我們的精神能量。

⑤ 寫日記是為了好好過明天的生活

寫日記沒有什麼祕訣，「誠實」就對了。在部落格之類的公開平台上寫文章，我們會礙於他人的看法，沒辦法百分之百誠實；因為我們知道，這些文章會被其他陌生人看見，所以隱藏了心裡的想法。但是日記本是只有我才能看到的「非公開」文章，沒有必要欺騙自己。不管你經歷什麼事件、遇到什麼人，只要誠實寫下你的感受、想法和情緒就可以了。

我不想聊日記本要怎麼裝飾、要用什麼筆寫，諸如此類的外在小技巧。重點是，我們要知道「我為什麼要寫日記」。**寫日記的目的在於「記錄」，把已經過去的今天記錄下來整理成**

回憶,然後做好心理準備,迎接明天的到來。

如果要說寫日記為我帶來什麼樣改變,那就是自從我開始寫日記之後,感覺生活變得井然有序。透過每天的紀錄為每天畫下句點,就像是在當下把原本零散的生活片段,一塊一塊拼接起來。或許是日記帶給我力量,讓我可以安穩地過好每一天。

回顧我剛出社會時寫的日記,相較於日常生活,更多在撰寫職場上的感受。我會用 2〜3 行句子,記錄工作的煩惱與內容等等,就像簡短的工作日誌。剛進公司的新鮮人,如果養成寫日記的習慣,幾個月後會發生很有趣的現象──雖然才過 3 個月、半年,當時覺得手足無措的工作,現在早已得心應手;可以從中體會到,不熟悉的事情剛開始做起來很難、很吃力,但其實很快就能適應。在短短幾年內經歷這些過程後,就能夠在面對新工作的時候,轉換面對的態度。你會知道「雖然一開始又煩又累,但你終究會做得很好」,對工作充滿自信。

每一年為人生選個主題

寫日記的過程中,總會在某個時間點感受到「分水嶺」──也就是年分交替的時候。如果只有年紀在變老,那就

太沒意思了,所以我每年都會選一個主題,為自己設定一個方向,抱持著這樣的心情迎接新的一年。舉例來說,我在 30 歲的時候,在日記本的第一頁寫下了──

> 「而立」
> 學會在自己制定的規則與他人制定的規則中,
> 聰明的生存下去。
> ─2020 年我的人生旅程札記─

我希望我可以滿懷希望地迎接 30 歲的開始,希望 30 歲的自己,也能過得很精彩,同時成為更成熟、更有智慧的人。現在已經 30 幾歲中旬的我,依然將這份心意放在心上。像這樣,為自己選一個主題,每一年都將成為印象深刻的一年。讓我們每一年都為自己下定決心,讓這一年成為最棒的一年吧。把每一年都活成最棒的樣子,年復一年,不就會成就出最精彩的人生嗎?

💲 開始期待 10 年後的自己

　　寫日記，可以幫你找回離散多年的人生目標。我現在用的日記，是一本很適合做中長期人生規劃的 10 年連用日記。由於日記是以年為單位，愈寫會愈來愈多本，保存和管理都很麻煩。後來我上網搜尋「10 年日記」找到喜歡的產品，立刻就下單了。雖然要花幾萬塊韓元，但我一點都不覺得可惜，因為我可以把 10 年的人生，全部收藏在同一本日記裡。

　　為了熬過 10 年這段漫長的歲月，日記的封面很厚實，非常耐用，上面還印著「Design My History」的字樣。也就是說，這本日記的設計，能讓我們一眼見證自己 10 年來的成長。10 年日記可以記錄的空間，不像 1 年日記本這麼多，如果想在小小的格子裡，記錄下自己的一天，就會開始想把文章寫的更簡短明瞭。可以培養摘要的能力，也是它的另一個優點。

　　10 年連用日記有趣的一點是，每一頁都記錄著 10 年來的同一天。日記的每一頁都有 10 個格子，你今天寫下的日記，隔壁一格就是一年前的日記。你會在不知不覺間，看見自己的變化，開始比較過去的自己和現在的自己。有些時候，我的想法跟一年前差不多，但有的時候，我又比前一年成長許多。

回顧自己的成長是一件很有趣的事，這是一種別人無法體會，專屬於自己的人生樂趣。

🪙 回憶自己的過往，然後往前進吧！

每個人都有一本非讀不可、只屬於自己的書。有些人正在閱讀無聊到爆的篇章，有些人正在經歷心痛的段落，還有一些人把不想面對的頁面擱置一旁。

我自己也有幾頁是想用訂書機狠狠地釘起來、不想再翻開的「黑歷史」；即便如此，我們還是得繼續翻開下一頁，唯有如此，我們才能完整地記錄自己。

日記是一個人成長的記錄。就好比人類從歷史上記取教訓一般，當我們看著日記，就能夠了解發生在自己身上的一連串事件，源自於什麼因果關係，也能看清楚自己是如何一步一步走過來的。歲月有如過往雲煙，趁還記得的時候，把它們儲存下來，從過去得到的智慧，將會幫助你規劃出更好的未來。

讓時間變多的方法

就算沒有上億韓元的年薪,但對所有人來說「時間就是財富」。我最害怕的就是虛度光陰,浪費空閒時間太可惜了,所以我讓自己過得很忙碌。人愈忙,反而會愈有效率的運用時間,能比閒暇時完成更多的事情。

善用空檔是時間管理的關鍵。我從一起床到上班前都會聽 EBS 的外語節目,下班在車上會聽有聲書。透過免費的「EBS bandi」APP,還能即時收聽外語、音樂、知識、法律等節目。

特別是早上 8 點播出的《崔秀珍的早晨特別節目》,她會播報全球頭條,我不需要額外抽時間看報紙,就能掌握世界上重大的新聞。其他時間可以用來聽音樂,不過我覺得攝取一些

資訊和知識更有用，所以我養成每天聽 EBS 的習慣。所謂的習慣就是，不用加以思索就會自動完成的系統；與其讓時間白白流逝，不如利用習慣來有效運用時間。

減少時間浪費的日常流程

不管做什麼，都把它打造成一套「流程」（Routine）就行了。把自己要做的一連串事情安排好順序，放入日常流程裡，然後按照流程規律生活，就能大幅減少時間的浪費。

很多時候，我們會因為不知道剩餘的時間該做什麼，反而浪費掉許多時間。但如果你設定好一套流程照著走的話，就不會不知道自己該做什麼了。舉例來說，早上起床後直接去洗手檯漱口，然後喝一杯水、吃個益生菌，再簡單做點伸展運動，洗個澡出來，再吃兩顆水煮蛋配蔬菜汁，接著出門上班。

明天早上、後天早上都反覆著相同的流程。剛開始你可能會很陌生，還要回想一下順序，但做著做著，你的身體不知不覺間會開始出現記憶，自己動起來。不管做什麼事情，都要堅持做到熟悉為止；一旦熟悉了之後，你會開始抓到訣竅，效率變高，花費的時間也會愈來愈少。

$ 找回不經意浪費的時間

要懂得珍惜時間。很多人抽完醫院或銀行的號碼牌，連10幾20分鐘都等不了，但回到家後，卻又坐在電視前面，任憑時光流逝。電視是最浪費時間的怪物，看著看著，1、2個小時就過去了。

「你們家沒有電視嗎？」

我們搬進新家後，管理室的工作人員來幫忙檢查屋況時，一進門就說了這句話。他說，他去過那麼多戶人家，只有我們家沒有電視。

「因為我們兩個都不看電視。」

電視對我們夫妻而言，不是「新婚必備家電」。光是不用買電視，就可以省下很多結婚的開銷，因為電視是家電裡最貴的品項。如果你住在大樓，家裡沒有電視的話，可以向管理室申請取消內包在管理費裡的第四台費用，每個月就可以省下2,500韓元（一年高達30,000韓元）。

總之，我們不需要電視，所以也沒買，何必花大錢去買一台我們根本不需要的「傻瓜盒子」[22]呢？

💲 你一天花幾個小時滑手機？

2024 年 2 月，冬天即將進入尾聲時，有天去上班的途中，我突然發現自己連在等紅綠燈的時候，也仍盯著手機看。

「我根本是手機成癮了。」

我驚覺自己的日常生活被綁架了，就連短暫的片刻都不知道該做什麼，只知道滑手機。我環顧四周，看到其他人只是靜靜的看著前方，我決定享受當下的這份無聊，把手機放進口袋，抬起頭看向前方。

我看見經過路上的汽車和公車，也看見了身材高大的清潔隊叔叔，他每天早上同一時間，都會拿著長長的畚箕和掃帚清掃人行道。最近白天已經變長了，我還看見了早早就亮起的天空，還有穿著運動服跑過去的年輕人，正在做著晨間運動。

我開始看見圍繞在周圍的各種人事物，這才是與我日常生活息息相關的世界，比我手機畫面裡的虛擬世界更加珍貴。在沒有智慧型手機的時期，我們的雙眼總是忙著觀察現實世界，根本沒有空閒。但近年來，人們被螢幕裡的虛擬世界綁架，時

---

22 譯注：韓國人對電視的戲稱，形容電視會讓人思考力下降。

間在不知不覺中流逝。**但大多數的時間，我們都在看著對自己而言不太重要的東西。**

如果想從日常生活中騰出時間，就得先抽離各種社會新聞、政治議題、娛樂八卦，光是撇除這些訊息，我們就能擁有更多的時間專注在重要的事情上。藝人 A 跟藝人 B 要不要交往，到底關我什麼事？演員 C 跟演員 D 演什麼角色，對我有什麼影響？下意識的擋掉這些不必要的事情，我們才能在空出來的時間裡，填入新的養分。

充實一個人獨處的時光

一個人的時光得來不易，我想跟各位分享一個能用最有意義的方式把這段時間變充實的方法──閱讀。如果你不知道空閒的時候該做些什麼，就去看書吧。2007 年在韓國出版的《成功人士的讀書習慣》（暫譯）裡有一段話說道：

「德國學者奧士華調查過『偉人和成功人士有什麼共同習慣』，調查結果發現他們有兩個共通點。第一個是正向思維，第二個是閱讀。也就是說，閱讀是偉人和成功人士共同的條件。」

投資大師巴菲特也在他母校的大學畢業典禮上，對學弟妹們說過，「沒有任何事能勝過閱讀」。

　　他說：「人們有時候會問我，我會選擇跟活著的名人還是跟已逝的名人共進午餐？其實只要透過閱讀，你就可以跟歷史上的所有偉人共進午餐。沒有任何事能戰勝閱讀。我們要會寫、會說、還要充實自己的腦袋。能在一天結束之前，學會前一天的我還不懂的事，對我來說就是人生最棒的時刻。」

　　我同意他的論點。我們這輩子可能很難跟知名人士直接見上一面，但卻可以讀這些作家寫的書，這就是閱讀最大的優點。無論對方在韓國或是美國、是活著還是已經逝去的人、不論他身處於哪個時空，我們只要買一本他寫的書，就可以在任何地方與他對話。沒有任何工具，可以比閱讀更有效的利用時間了。

人生是一場平衡遊戲

「他是一位品德和實力兼具的人」，這句話裡面的「兼具」是什麼意思？應該是指品德和實力兩者都具備，沒有偏廢的意思。被大家一致認可的人，通常有一個特徵是在各方面都兼顧得很好。英文很好的人，不管是英文口說、聽力、寫作、閱讀都很擅長；善於處理職場關係的人，除了能把自己份內的事情做到完美以外，又懂得照顧身邊的其他人。讓我們試著把這種心態，融入自己的生活裡。

💲 找到人生平衡的過程

當我們形容一個人「把日子過得很好」,從來都不是指有錢就夠了,還要保有身體健康;獨處的時間很重要,但也需要有時間陪伴家人;工作固然重要,但也要懂得享受興趣。所以說,不管在哪個人生旅程,我們都要同時兼顧「金錢、健康、工作、家庭、興趣」,並從中找出適當的平衡,並根據人生的階段,調整自己的重心。

幾年前開始,我就意識到人生是一場「平衡遊戲」。勞逸平衡(Work Life Balance)是指不側重於工作,還要同時兼顧個人休閒與家庭生活的文化。如今對上班族而言,這已經變成是跟性命一樣重要,必須堅守的底線。

這段時間,我享受著登山、馬拉松、游泳等興趣,我從中體悟到一件事,興趣應該要「忙中不忘享受」。**興趣不能成為生活的主軸,而是要在忙碌的過程中享受興趣**,唯有這樣,這段時間才會更加甜美,才會為你的人生帶來動力,讓你對工作保持熱情。我之所以一直強調在本業上盡忠職守很重要,也是出於類似的原因。只要本業與興趣之間,其中一項垮了,所有的一切都會跟著瓦解,所以我們要找到兩者之間的平衡。

● 關心一個人,不一定得總是要在一起

人際關係方面也一樣,也要找到「一起 vs 單獨」之間的平衡。我覺得朋友之間見面的次數,也是過猶不及。不管關係再好,太常見面也會覺得膩。應付一個什麼事都想「一起」的朋友,是最令人疲憊的事。

2023 年的某個夏天,我在看《Sebasi Talk》(改變世界的 15 分鐘,演講性節目)的時候,看到了楊姬銀老師的演講,她是歌手,寫了一本散文集《也許會這樣》(暫譯);她上台的時候說了一段故事,深深吸引了我。

「其實,我不太常跟關係很好的朋友見面。有時候是她主動聯絡我,或者是某天當我的心裡浮出一朵思念之雲,真的很想念她的時候,我才會聯絡她。我不會因為關係好就要天天見面、成天黏在一起。我在想,這也許是友誼能長存的祕訣吧。

從某方面來說,我覺得人與人之間的關係不需要太緊密,保留一點讓風能夠穿過的縫隙(?),彼此之間有種通透的距離感,反而能讓關係維持得更久。人與人的距離,就像是星星之間的距離一樣。當你仰望星空,彼此看似相鄰的星星,其實可能相距了數億光年。人與人之間的距離就是這麼遙遠,你不能代替他痛苦,也不能代替他死去。」

我認為這段話是人際關係的真理，也是一段跨越時代藩籬的名言。父母和子女之間也一樣，就算是從自己肚子裡生出來的孩子，一直守在他身邊，事事幫助他也不是件好事，過度關心會變成一種執著。父母是父母，孩子是孩子，彼此都是獨立的個體。有的時候，我們也必須要適當的拉開距離，父母和子女之間，聰明的拿捏距離，才能維繫一段健康的關係。

💲 找到適合自己的平衡點

財務管理常常會提到一個術語叫做「再平衡」（rebalancing），用韓文來說就是「重新調整資產配置的比例」[23]。也就是說，我們會根據資產配置的策略，定期調整投資組合的比例。舉例來說，如果你設定好股票與債券的配置是 6：4，但股價上漲太多，導致比例變成 7：3，就要賣出一部分的股票，加倉買進債券，重新把比例調整回 6：4。

這裡的重點是「初期設定好的目標比例」，如果沒有目標比例就沒有調整的依據，隨便操作之下，最後會導致比例失

---

[23] 編注：在資產配置時，透過重新調整各種資產的比例，讓「投資組合的風險」與自己的規劃一致。

衡，側重於某一方。

人生同樣如此。如果想在人生的平衡遊戲中做好取捨，首先要設定好自己的標準。接下來就很簡單了，只要努力遵守自己的標準，自然會培養出調整平衡的能力。以我們前面提到的「金錢、健康、工作、家庭、興趣」為例，只要你心裡已經記得設定好的比例，後續再朝著這個大方向調整平衡就可以了。只要人生中絕大部分的領域都可以保持平衡，就會安安穩穩的繼續前進。

「面子」到底值多少錢？

　　我的朋友們常常形容我是「實用主義派」，因為比起好不好看，我更在意實不實用；比起有沒有面子，我更注重實質效益。面子不能當飯吃，但卻有很多人，嘴巴說不重要，心裡卻默默的很在意，為了面子去花一些不必要的錢，甚至做超出自己能力範圍的消費。

　　像是為了裝有錢、裝懂或者假裝自己「不窮」，在餐廳或咖啡廳裡點了一堆吃不完的東西；或是在不熟的人面前裝闊，硬要刷卡請客。《學習猶太人的思維》（暫譯）講述了僅占世界人口 0.2％的猶太人，如何在這個世界上成為財富的代名詞，書裡有一則這樣的故事。

他向有錢的表哥問道:「你這麼有錢,為什麼連一套新衣服都不買?這樣給人的觀感不好吧。」但表哥卻回答:「你覺得面子值多少錢?我沒有打算在面子上花錢,我想把錢花在更合適的地方。」那時,他才知道為什麼表哥會成為有錢人。

當有些人還在為了面子亂花錢的時候,有另一些人早就不在意面子,而是一步一腳印的在為自己的人生和未來做準備。

人與人之間的體面,不是只有外在,內在也很重要,彼此之間要有真心,但現在太多人只把錢花在虛有其表的地方。

ⓢ 我要的不是婚禮,是婚姻

婚禮盛大舉辦,準備一大堆聘禮和嫁妝,也都是面子問題。雖然不能以偏概全,但有一部分人確實是為了面子問題發喜帖,還有一部分人是為了面子才包禮金。據說結婚季的時候,首爾每天為了參加婚禮而移動的人口,平均有 20～30 萬人。這也太浪費了吧?

我不想為了幫父母舉辦一場「收禮金宴會」,急急忙忙在婚宴會館裡舉辦每 30 分鐘就要輪替一場的婚禮。我對結婚沒什麼幻想(不辦婚禮就是我最大的浪漫),有次我無意間在一

個討論婚禮如何準備的社團裡，看到一張「婚禮費用清單」，表單上列的那些東西，光看我就覺得崩潰。結婚是為了幸福，但從準備階段壓力就這麼大，感覺一點都不幸福，所以我決定通通跳過。

我們的婚禮只邀請直系親屬，選在一間韓式餐廳簡單吃頓飯，那是韓屋風格的餐廳，非常優雅，再應景的租了一套韓服。我對禮服不抱任何幻想，反而多虧了那套舒服又可以蓋住小腹的韓服，我才可以不用做什麼婚禮前大瘦身。

我向公司同事和友人解釋原委，選擇不發喜帖。因為不用發喜帖，也不需要拍沙龍照，所以連婚紗照都省了。我們也沒有給彼此聘禮或嫁妝。因為我們在交往的時候，一起在工坊裡花4萬韓元，親手做情侶戒給對方了，所以連婚戒也一併省略。

我跟老公是在飛機上認識的，他當時就坐我旁邊，所以我們為了紀念命中註定般的第一次相遇，提醒自己不忘初心，把當時那班飛機的航班號碼（D7 519）刻在戒指上。有什麼婚戒能比這只戒指更特別、更有價值？我們也沒準備什麼雙方父母的見面禮，兩家人第一次見面的地方是在我弟弟的餐廳——他是一位廚師，精心準備了一桌子的菜，招待我的公婆和親家。大家都說菜色非常好吃，吃得津津有味。

用美股配息享受我們的蜜月旅行

我們夫妻倆的婚禮，兩家父母沒有贊助一分錢，我們是在兩人的能力範圍內，實實在在完成這場婚禮的。我以前聽過一句話，「聰明人不期盼婚禮有多華麗，但期盼婚姻生活的豐衣足食」，所以一直以來我的想法都是不要花錢作秀給別人看，盡最大的努力儲蓄，打造一個有餘裕的家庭。

因此我對當年還是男朋友的老公說：「我們省略這些繁文縟節，把這筆錢存起來，打造屬於我們倆夫婦一輩子的資產吧。這樣等我們老了，也才能過得更從容自在吧？」老公聽完也覺得這麼做很不錯，雙方的父母也都支持我們的想法。

我們的蜜月旅行，也是配合老公正在準備的美國證照考試，所以選擇去美國。當時的匯率很高，報考費用要價不菲，蜜月旅行的開銷也不便宜。幸好這段時間，我都有把美股的配息存下來，所以沒有額外換匯，靠著手中原有的美元搞定了整趟旅行。總而言之，我按照自己理想的方式結婚，還靠著股票配息去蜜月旅行！

● 與其買不需要的新家電，不如一起投資吧！

結婚後，兩個人的財產與所得合併，資產理當會爆發性成長，但卻有很多家庭，婚後資產不增反減，因為他們掉進了「新婚的陷阱」。因為剛新婚，就把用「好的」、「新的」、「漂亮的」視為理所當然，把新婚當作藉口，覺得「不趁此時更待何時？」毫無節制的花大錢消費。

「最近結婚的人，通常都會買這款～」被銷售人員的話術牽著走，不管是已經有的、還沒有的或是不需要的家電，都直接入手最新款。新婚裝潢的類型五花八門、買進昂貴的傢俱，填滿租來的房子。就這樣，新婚生活開始的同時，帳戶餘額也跟著歸零。

應該要去買貴的房子才對啊，為什麼要買昂貴的傢俱？結婚又怎樣，為什麼要買名牌錶？結婚本來就很花錢，省一點都來不及了，為什麼婚姻的起點，卻要選擇讓兩個人一起變成窮光蛋？

新婚夫妻為什麼就算是租房子，也要想租新蓋好的大樓？為什麼要選擇有兩衛的房子，廁所還要乾淨漂亮？為什麼要執著於昂貴的傢俱和最新的家電？全都是因為那該死的面子。「我們婚姻的起點，從這間整潔乾淨、裝潢漂亮、空間寬闊的

房子開始」,很多人都想帶給別人這樣的感覺。但這才不是什麼好的開始,只不過是別人眼裡「看起來像樣的起點」罷了。

　　真正好的開始,是夫妻倆一起計畫如何長期累積資產,踏踏實實的變成有錢人。為了看上去體面,在結婚的時候把兩個人這段時間辛辛苦苦存下來的錢,一口氣花光,根本就是在啃蝕自己的資產。

　　結婚的時候,不管別人怎麼看,真正重要的只有夫妻倆實質的需求。我們該考慮的是,要怎麼做才能在婚後讓共同資產增值。聰明又務實的夫妻,結婚的時候不會花大錢,他們會警惕自己不讓開銷增加,盡可能少花一點。拜託各位拋開「不趁此時更待何時」的想法,務實一點吧。大家都喜歡經濟實惠的商品,但為什麼不想讓自己也成為一個「經濟實惠的人」呢?

你的喜好,不需要別人來定義

　　你的人生,追求的是車子的乘坐感,還是下車時的虛榮感?如果你追求後者,等於是把自己人生的決定權拱手讓人。看看那些社群上,有些人會在上面發文問大家:「我的年薪應該開什麼樣的車?」誰規定年薪多少就一定要開什麼車?

網路上甚至流傳著「依收入標配汽車階級圖」、「男人皮夾階級圖」、「女人包包階級圖」之類的東西。按照這種方式分類，簡直就像在資本主義社會裡，過著共產主義式的人生。在資本主義社會裡，**你有自由根據自己的喜好，盡情選擇你喜歡的消費**，但這些人，卻把自己限制在別人定義好的框架裡，自行放棄屬於消費者的權利。

　　你要買什麼錢包為什麼要問別人，買你想買的不就好了嗎？能不能照著自己的喜好過生活，每個人有自己的喜好，這是很正常的事。就算是秋天裡的一棵楓樹，有的人喜歡剛開始染紅時的楓葉，有的人喜歡完全染紅的楓葉，有的人喜歡楓葉掉落，樹木和地板上下交融，染成一片鮮紅的時候。

　　我們每個人都有自己的喜好，你要顧慮別人的眼光到什麼時候？從現在開始，尊重自己的喜好吧！按照自己的喜好過日子，才是最充實、最高品質的人生。

阿婆姐姐碎碎念 ④

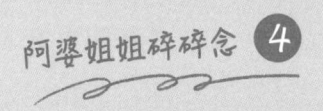

你想在人生列車裡裝些什麼？

愈是沒有內涵的人，愈在意自己的外在，過度包裝自我，虛張聲勢。但是外在的聲勢愈浩大，人們就愈覺得你是一個「空殼子」。一台滿載的車，重量很重，行徑的時候不會發出聲音；但是一台空蕩蕩的車，卻會噹啷噹啷響個不停。

人類也一樣，內在空虛的人更愛裝懂、更愛張揚，外表也更引人注目。路上那些發出刺耳噪音的汽車的駕駛人，也許覺得自己很風光，但其他人之所以抬頭看他們，只不過是覺得他們很可笑──「哎呀！吵死人了！」「沒品又愛吵，難怪會被罵！」

沒有內涵又四處喧囂，真的很難讓人裝作不在意。所以說，**別再展現自己有多沒料了，別再為了表面上的風光**，掏空

自己的內在了，慢慢去填滿空虛的內在吧。聰明的人，一眼就能看出誰是真正有內涵的人。

　　在馬不停蹄的生活裡，我們的人生列車會不斷持續運作，哪怕一天都不會停歇。你是自己的主人，可以決定要在這台人生列車裡裝進什麼東西。

　　你可以用「自我誇耀」、「虛張聲勢」、「愛慕虛榮」裝滿這台車，也可以用「內涵」、「真誠」、「實際」來填滿它。你可以選擇載上「放縱」，也可以選擇用「修養」來裝載。人生只有一次，你想用什麼充實自己、想在你的人生裡放進些什麼東西？

　　順帶一提，我想裝進人生裡的，是那些會讓我的人生變得更加豐富多彩、符合我的喜好、讓我的靈魂感覺充足、讓我變得更加光明磊落的東西。如果有一天，我離開了這個世界，我希望我墓碑上的墓誌銘是——「她擁有過比任何人都還要精彩的人生」。

| 後記 |

人生不該等待暴風雨過境，
而是該先學會如何在雨中跳舞

　　今年六月，我為了去見一位打算在印尼峇里島長住一個月的朋友，請了幾天的年假。由於釜山到峇里島沒有直航的班機，我訂了一張要在越南胡志明待 19 個小時、再轉機到峇里島的機票。原本我還在煩惱，待在胡志明的這一天該去哪裡比較好，但考慮到我得搭隔天清晨的航班，我索性在機場附近訂一間民宿，就這樣踏上了旅程。

　　抵達胡志明的新山機場後，我沿著地圖走了 4 分鐘，來到一間小公寓。我背著一個背包慢慢的走進去，房東 Phuong 在大廳非常熱情的迎接我。一進到屋子裡，我準備入住的房間早已被整理得乾乾淨淨。

「我剛剛看著妳降落。」

我順著 Phuong 的手指看向窗外,飛機的跑道真的就近在咫尺。

「哇,真的欸!根本就是機場景觀房!」

我第一次住到離跑道這麼近,可以看到機場景觀的住宿。

「不過住在機場附近不會很吵嗎?」

Phuong 用充滿「智慧」的方式,回答了我「愚昧」的問題。

「這不是我能控制的事,我把它當作是大自然的聲音,照樣過日子。」

這位比我年長 10 歲的越南女子隨口說出的這一句話,讓我想起了元曉大師喝骷髏水的故事 [24]。如果她換成另一個角度看待這件事,搞不好每天都會過得很痛苦。

「沒錯,所有一切都取決於心態。」

那天,機場的噪音一點也不令人感到煩躁。想著我明天就可以搭飛機到峇里島,興奮到我連夜深了都渾然不知,就這樣盯著窗外,癡癡的看著飛機起飛和降落。橘黃色的燈光,時不

---

[24] 編注:韓國佛史上譯經奇才,在前往唐朝求法的途中,因半夜口渴誤喝了由頭蓋骨裝的廢水,卻因解渴而感恩地入睡。直到隔天早上才發現並產生不適而嘔吐。因此開悟到「環境一樣,改變的只有自己的心」、「該求知的是自己的心」。

時點亮著機場的夜景，看起來竟然有些夢幻。人生果然取決於心態，我們只要把每天都當成是一場旅行，不就好了嗎？

　　青春讓我想起了衝浪的時候，我們站在波濤洶湧的海面上，小心翼翼的保持著平衡。人生也許也像是衝浪一樣，我們觀察著海浪的類型和週期，靠著踩穩雙腳調整節奏，穿越一波又一波的困難與逆境。

Life isn't about waiting for the storm to pass.
It's about learning to Dance in the rain.
（人生不該等待暴風雨過境，而是該先學會如何在雨中跳舞。）

　　人生難免會遇到有如暴風雨般的困境，但是我們要懷抱著在雨中也能跳舞的心態，說到底，最重要的還是我們面對人生的態度。

　　這本書是我在渡完蜜月旅行回來後，從 2023 年 10 月到 2024 年 6 月、歷時 9 個月努力完成的結晶；多虧這本書，我的新婚生活幾乎都泡在圖書館裡。我們這對週末夫妻，週末沒有出去玩，反而選擇待在圖書館裡。我不停的寫書，老公不停的看書。圖書館窗外的天氣有時候太好，有時候又太差，總之都

讓我難以繼續寫作,感謝先生陪伴著我熬過這段時光。

有的時候我坐了一整天,一個字都寫不出來;又有的時候,不滿意自己已經寫好的文章,決定全部刪掉重來。每當我感到挫折、覺得自己「是不是不適合寫作」的時候,我都會告訴自己竭盡全力的寫,至少要寫到可以大方說出:「我已經盡力了」為止,這樣子將來回想起來,或許能少一點羞愧吧。

「我想要把妳堅定的人生觀和人生哲學,收錄到這本書裡。」

負責這本書的金昇珉(音譯)編輯,在第一次開會的時候就向我提議,比起知識,她更想著重在我的心態。她希望出版一本「收錄阿婆姐姐人生思維的書」,內容除了理財的小祕訣以外,也同時包含健康管理、心態管理、人際關係、職場哲學……等諸如此類的「阿婆姐姐人生教條」。

我曾收過很多次出版的邀約,但如此讓我心動的提案,這還是第一次。我就這樣,像是被她下了迷魂藥一般,開始寫作。我把帶領我航行在這個資本主義世界中的價值觀,一五一十的寫了下來。看著她一方面要體諒我的行程安排,同時又有條不紊的安排著交稿的進度,我總是在想:「怎麼會有人那麼溫柔又那麼會做事?」如果沒有這位彷彿住在我腦袋裡,感知力超

後記

級敏銳的編輯帶路,這本書也許沒辦法整理得如此完整,完成度如此之高。

　　有人說,讀書的時候只要可以書裡在挖到一段文章或句子,那你就值回票價了。我在寫作的時候,也不斷在思考,什麼樣的句子能夠打動我的讀者。更重要的是,我非常努力地想把在 YouTube 上無法完整訴說的故事、想說但沒辦法說的事情都收錄進這本書裡。也許現在的你正站在人生的轉折點,我希望這本書,能夠為你帶來改變人生方向的勇氣。

富能量 138

不怕老後沒錢花

從有錢定期定額開始，把握基本退休現金流，
讓普通人打造未來靠山的小資理財法

作　　者：阿婆姐姐（할미언니）	國家圖書館出版品預行編目 (CIP) 資料
譯　　者：蔡佩君	
責任編輯：賴秉薇	不怕老後沒錢花：從有錢定期定額開始，把握基本退休現金流，讓普通人打造未來靠山的小資理財法／阿婆姐姐（할미언니）著 . -- 初版 . -- 新北市：幸福文化出版：遠足文化事業股份有限公司發行，2025.08
文字協力：@amber_editor_studio ｜楊心怡	
封面設計：木木 Lin	
內文排版：王氏研創藝術有限公司	
	面；　公分
總 編 輯：林麗文	ISBN 978-626-7680-79-7(平裝)
副總編輯：賴秉薇、蕭歆儀	
主　　編：高佩琳、林宥彤	1.CST: 個人理財 2.CST: 財務管理 3.CST: 投資
執行編輯：林靜莉	
行銷總監：祝子慧	563　　　　　　　　　　114010021
行銷經理：林彥伶	

出　　版：幸福文化／遠足文化事業股份有限公司
地　　址：231 新北市新店區民權路 108-3 號 8 樓
粉 絲 團：https://www.facebook.com/happinessnbooks
電　　話：(02) 2218-1417
傳　　真：(02) 2218-8057

發　　行：遠足文化事業股份有限公司（讀書共和國出版集團）
地　　址：231 新北市新店區民權路 108-2 號 9 樓
電　　話：(02) 2218-1417
傳　　真：(02) 2218-8057
電　　郵：service@bookrep.com.tw
郵撥帳號：19504465
客服電話：0800-221-029
網　　址：www.bookrep.com.tw
法律顧問：華洋法律事務所蘇文生律師
印　　製：呈靖彩藝有限公司

初版一刷：2025 年 8 月
初版二刷：2025 年 10 月
定　　價：400 元

돈 공부를 시작하고 인생의 불안이 사라졌다
I Started Learning About Money and My Life's Anxiety Disappeared
Copyright © 2024 by 할미언니 (Halmi Unnie, 阿婆姐姐)
All rights reserved
Complex Chinese copyright © 2025 Happiness Cultural, a division of WALKERS CULTURAL CO., LTD
Complex Chinese translation rights arranged with FEELMBOOK through EYA (Eric Yang Agency).

Printed in Taiwan 著作權所有侵犯必究
【特別聲明】有關本書中的言論內容，不代表本公司／出版集團之立場與意見，文責由作者自行承擔